追课实录
高中数学课堂内外教育教学探索

白志峰 ◎ 著

THE GENUINE RECORD OF
MY EDUCATING AND TEACHING

THE EXPLORATION IN AND AFTER MATH CLASS FOR SENIOR HIGH

北京理工大学出版社
BEIJING INSTITUTE OF TECHNOLOGY PRESS

内 容 简 介

全书分为四个部分：教学研究篇、高考研究篇、解题研究篇、教学指导篇.

教学研究篇重在阐述本人对于高中数学教育教学的实践与思考，阐述课堂教学的价值追求. 高考研究篇试图以更高的观点看待高考和审视高考复习，探索在应试的过程中，如何发挥数学在育人过程中的无可替代的作用，从而体现数学学科特色，实现数学的教育价值. 解题研究篇努力揭示数学学科知识在解题实践中的本质体现，最大限度地克服题海战术的负面影响，旨在授人以渔. 教学指导篇试图深入浅出地解释学生在学习过程中存在的问题，注重培养学生的思维能力，使学生学会数学地发现问题、提出问题、分析问题、解决问题的科学方法.

图书在版编目（CIP）数据

追课实录：高中数学课堂内外教育教学探索 / 白志峰著. —北京：北京理工大学出版社，2018.7

ISBN 978-7-5682-6025-1

Ⅰ. ①追… Ⅱ. ①白… Ⅲ. ①中学数学课–教学研究–高中 Ⅳ. ①G633.602

中国版本图书馆 CIP 数据核字（2018）第 172464 号

出版发行 / 北京理工大学出版社有限责任公司
社　　址 / 北京市海淀区中关村南大街 5 号
邮　　编 / 100081
电　　话 / （010）68914775（总编室）
　　　　　（010）82562903（教材售后服务热线）
　　　　　（010）68948351（其他图书服务热线）
网　　址 / http://www.bitpress.com.cn
经　　销 / 全国各地新华书店
印　　刷 / 三河市华骏印务包装有限公司
开　　本 / 710 毫米×1000 毫米　1/16
印　　张 / 13.5
字　　数 / 253 千字
版　　次 / 2018 年 7 月第 1 版　2018 年 7 月第 1 次印刷
定　　价 / 39.00 元

责任编辑 / 王美丽
文案编辑 / 孟祥雪
责任校对 / 周瑞红
责任印制 / 李志强

图书出现印装质量问题，请拨打售后服务热线，本社负责调换

前　言

　　如果用一个字来浓缩一位中学教师一生的教育教学生涯，无疑当属——课。

　　我自然不能例外。从大学毕业步入中学校园，至今从教 30 多年，一直在教育教学一线工作。从最初对于课的模仿与实践，到后来对于课的理解与感悟、探索与反思，以致逐步形成自己的课的特色，再到现如今对于课的情怀与敬畏，始终是沿着课的轨迹进行的；教育教学研究，高考研究，个人专业发展，新的教学理念的学习与落实，辅导学生，指导青年教师，等等，几乎所有的关注对象都离不开课这条主线。如此说来，课有狭义与广义之分。

　　就狭义而言，如何上好一节课？可谓仁者见仁，智者见智。限于本人水平，不敢多加妄谈。但我信奉"教无定法"，信奉以研究的心态来上课。说"一生追求一节课"，似乎并不过分，这是一位教师形成自己的教学特色所必备的品格。作为数学教师，数学课要让学生学习什么知识，培养什么能力，增加什么体验，获得什么品质，教师需要持续不断的思考与实践。

　　记得在一次新教师的培训会上，我有幸被邀请和新教师谈谈有关上课的问题，阐述过自己的看法：无非三个环节——备课、上课、反思。

　　站在整体的高度备课：一是学科知识的整体，二是教学对象的整体，三是教学活动的整体。

　　站在育人的高度上课：育人是课堂教学的最高目标，并不是大话，它是教学的一种境界，不排斥高考，它可以使教师保持良好的教学心态，会使得许多问题迎刃而解。

　　站在发展的高度反思：教学永远是一门遗憾的艺术。善于进行教学反思，才可以更上一个台阶。反思是课后的再次备课，有反思才有发展，才有创新。螺旋上升，方可不断提升自己的教学水准。

教育教学需要持续不断的实践与思考。多年来，我将自己的所思所想随时整理成文，累计在《数学通报》、《中学数学教学参考》、《中学数学》等学术刊物发表论文近 70 篇。现选择部分文章分类编辑，集结成册。有的论文虽然发表于 10 多年以前，但仔细翻阅依然具有参考价值，庆幸之余要感谢数学的永恒魅力。这些文章涉及教育教学、高考研究、解题研究、学科指导等多个领域，或提供新颖解法，或阐述思想观点，或揭示方法规律，或长或短，兼有感而发，可以说都是围绕课展开的。显然又回到了广义的课。

作为一位中学老师，狭义的课与广义的课不是孤立存在的，而是相互联系、相互促进的。所以本书虽然是一个论文集，但因有"课"，便有主心骨，因此得书名《追课实录》。

2018.6

于潞河中学

目　录

第三部分　解题研究篇

第四部分　教学指导篇

第一部分
教学研究篇

高三一轮复习，孰轻孰重①

提要　一轮复习需要促成知识的有机联系，把零散的技能技巧提炼成有效的思想方法；提高思维能力，以更高的观点审视数学，进而形成有效的解决问题的能力. 如何处理好"教材与资料、讲授与引导、基础与能力、进度与落实、方法与思维、整体与个体"的"轻重"关系，必须引起高度重视.

高考复习大致需经历以下三个阶段：一轮复习、专题复习和综合模拟. 其中一轮复习（系统复习）经历的时间较长. 从知识角度看，一轮复习需要全面复习基础知识和基本技能，促成知识的有机联系，帮助学生把零散的技能技巧提炼成有效的思想方法；从能力角度看，一轮复习承载着帮助学生加深对知识的本质理解，提高思维能力，以更高的观点审视数学，进而形成有效解决问题的能力等艰巨任务.

一轮复习的成败得失，直接影响到整个高考复习的成败得失. 一轮复习中如何处理好"教材与资料、讲授与引导、基础与能力、进度与落实、方法与思维、整体与个体"的"轻重"关系，引起笔者的思考，也期望与同行进行交流.

1　教材与资料，以教材为重

纵观实施新课标以来各地的高考试题，不难发现试题紧扣教材、课标和考纲，注重基础知识和基本技能的考查. 所以重视并善于利用教材，是做好一轮复习的基础. 一个对于教材没有深入理解和整体把握的教师，很难进行高质量的高考复习.

---

① 　该文发表于《中学数学教学参考》，上旬，2015，10.

一方面，教材里有知识的形成过程，有知识的相互联系，有紧扣知识点的针对性非常强的例题和习题，这在基础复习中是任何资料都无法替代的. 例如对椭圆标准方程 $\frac{x^2}{a^2}+\frac{y^2}{b^2}=1$ 的复习，如果只做简单的记忆上的再现，然后做大量的习题加以巩固，就必然陷入死记硬背的境地. 我们依然需要引导学生再次亲身体验、深入研究椭圆标准方程的建立过程中所隐藏的问题：① 方程对于坐标系的依赖；② 对 $2a$、$2b$、$2c$ 和 $a^2=b^2+c^2$ 的引入及理解；③ 另一标准方程中为什么只需将 x、y 互换？④ 知难而进的意志品质，追求简洁美的数学精神. 否则，只能是对椭圆方程进行形式化记忆，缺乏本质理解，也就难以感悟和升华. 我们不能以高一、高二时学生已经学过教材为由来排斥教材，要知道此时的学生对教材的内容已渐行渐远，弱于当时对教材的熟悉程度. 更何况当时的知识是零散的，学生的理解力也是有局限的.

另一方面，重视教材并不是对教材的简单重复，而是基于教材又高于教材，是对教材的再开发，是对知识的升华，是具有创造性的. 复习时需要以教材为依托，整合知识板块，构建知识体系，教师的付出会更多. 文 1（脚注①中教材）建议利用教材时通过以下几种途径或方法，达成相应目标：① 内容梳理，巩固和完善知识体系；② 问题新探，掌握基本知识和技能；③ 实践拓展，理解和体验思想方法；④ 概括提升，促进和强化思维能力[1]. 文 2（脚注②中教材）提供了如何利用教材的一个成功案例[2].

与此同时，资料也是不可或缺的. 由于教师开发课本资源的领悟和能力各不相同，各知识板块的要求不同，以及学生自学和统一练习的需要，订阅一本复习资料做参考，也是必需的. 我们反对的是，用一本资料做到底、讲到底，来完成整个复习过程. 尽管教师本人明白教材的重要地位，但在课时紧张、阶段考评等因素的干扰下，常常会不自觉地陷入"资料战术"的境地，客观上形成了"重资料、轻教材"的复习格局. 显然，这样的复习对于类似"叙述并证明余弦定理"这类考题（2011 年陕西高考题），肯定是不可取的.

---

① 祁银锁. 夯实基础，贵在用好教材. 中学数学教学参考：上旬，2013，10.
② 白志峰. 实际背景下的位置关系. 中学数学教学参考：上旬，2011，1–2.

2 讲授与引导，以引导为重

研究表明，孤立的知识点不是真正意义上的知识，知识只有形成网络才是有效的. 而知识网络的建立，需要学生自己完成. 当然，在这一过程中教师的引导是必不可少的.

教师要引导学生进行多方面的沟通与交流，充分发挥教师的主导作用和学生的主体作用，既不高估学生的基础水平，也不低估学生的自主能力，要敢于放时间和空间给学生，但不是放任不管，而是放得出去，收得回来. 教师生怕学生不懂、不会，"满堂灌"，留给学生自主的时间和空间不足，明显不适应高考复习的要求.

一要引导学生进行学生与学生之间的互动与交流，充分发挥他们之间的思维互补性. 学生们在研讨探究、补充交流、评价完善的环境中所获取到的知识和思维方法，是教师不能代替的.

二要引导学生构建知识体系，关注概念的建立，关注知识的逻辑系统和网络结构. 要有意识地降低选用习题的难度，但不是降低高考要求高度，而是以基础促发展.

例如，在一次"等差数列"的复习课中，笔者设计了如下一道题目，让学生独立思考后，相互补充交流，最后由学生代表板演和讲解.

题目：已知 $\{a_n\}$ 是等差数列，S_n 是前 n 项的和，$S_5=28$，$S_{10}=36$，求 S_{15}.

生1：列方程组求出首项和公差——基本量法. 这是基本方法和基本技能.

生2：利用 S_n 是 n 的二次函数，通过待定系数法求解. 这是函数观点，反映了学生认识上的跨越.

生3：利用等差数列性质——S_5，$S_{10}-S_5$，$S_{15}-S_{10}$ 成等差数列.

生4：转化构造，得到 $\left\{\dfrac{S_n}{n}\right\}$ 也成等差数列.

生3、生4在等差数列基本性质的基础上，加以联系、扩展，这是构造的观点，体现了更高层次的认知水平.

生 5：受生 4 的启发，可知 $\left(5,\dfrac{S_5}{5}\right)$、$\left(10,\dfrac{S_{10}}{10}\right)$、$\left(15,\dfrac{S_{15}}{15}\right)$ 三点共线.

生 5 能够进行横向联想，沟通了数列与解析几何的联系.

这样，表面看起来十分简单的一道题，利用同学们的集体智慧，把隐藏的基本思路和基本规律，把数列与函数、数列与解析几何等横向、纵向的联系都挖掘了出来，产生了多种有价值的解法. 学生的思维过程经过交流与展示得以相互学习，提高了学生对知识的本质理解和思维素质.

3　基础与能力，以基础为重

研读各地的试题分析报告，不难发现一个共同特点：试题紧扣教材，注重基础知识和基本技能的考查.

一轮复习的主要任务是：夯实基础，提高能力. 但能力的提高，有赖于基础的落实，需循序渐进，螺旋式上升. 数学知识和技能的掌握是形成数学能力的基础，能力又反过来作用于知识和技能的掌握，制约着知识掌握和技能形成的速度、深度. 因此，复习过程要做到：

（1）找准学生的最近发展区. 要根据学生的最近发展区，确定教学起点. 低起点高目标的课堂才具有生命力. 教学中要将知识发生、问题解决的关键节点作为交流、发现的素材，使学生能够主动参与到"自觉夯实基础，构建知识网络，体悟思想方法，促进思维发展，形成求解论证能力"的目标上来.

（2）注重通性通法，淡化技能技巧. 要加强基础知识和基本技能的训练. 比如，复习三角函数的时候，定义、定义域、值域、图像、单调性、周期性和奇偶性、诱导公式、三角变换公式、正余弦定理等基础知识，比较三角函数值的大小、三角变换的常用方法等基本技能，其中任何一项不过关，都会影响复习效果.

（3）强化运算能力的训练. 目前学生普遍存在的问题是运算能力不强. 运算能力（包括算法算理）是正确应用数学知识、顺利解决问题的前提条件. 对于集合运算、指数运算、对数运算、三角运算、导数运算的算法算理要明确无误，要有意识地训练并提高其运算的准确性和速度.

毋庸置疑，我们不否认以培养能力为主要目标，这里强调的是基础在形成能力的过程中的作用.

4 进度与落实，以落实为重

客观上，数学课程较多，复习任务重，课时相对紧张. 有时还会有诸如突发情况、阶段考评等因素的干扰，往往会出现赶进度，匆忙结课的现象. 所以对于各知识板块的复习，宜快则快，宜慢则慢，不宜平均使用力量，要以落实效果为重.

一要将课堂效果落到实处.

我们经常主观地认为：某个问题教师讲过了，学生就该会了；一节课的课堂内容完成了，就算完成了本节课的教学任务. 事实上，课堂效果的落实因时、因地、因人而时刻变化.

如何落实一节课的效果？仁者见仁，智者见智. 但课堂的主阵地要交给学生，让学生多思、多说、多写，少一些浮躁与跟风，容量宜大则大，宜小则小，以实效为主. 要落实到"笔头"上来，落实到"速度""准确性""规范性""创造性"上来，以此最大限度地发挥课堂效益. 在此意义上，落实"想、说、写"至关重要.

对于一个数学问题，想出来，可能一闪而过，可以有思维的跨越；说出来，需要表述清楚，要有逻辑性，可以有口头语；但写出来，就是一种学术的形态，需要更加严密，需要用数学语言，有理有据. 这是由低到高的三个不同的层次，所以课堂教学要给学生留出"想、说、写"的时间和空间.

二要落实考前复习.

目前，多数学校都有月考的做法，通过月考检测阶段复习效果. 所以教师要制订出合理可行的阶段复习计划，并给学生留出一定的时间进行阶段总结反思，从而提高复习的效果. 要把阶段考试作为促进学生自主复习总结的有效手段.

5 方法与思维，以思维为重

高考复习无疑离不开基本技能和基本方法的复习，但局限于苦练方法，很难提高复习效果. 有这样一句名言："当一个人把所学的知识都忘了以后，还保留下来的正是教师要教给学生的. "保留下来的是什么呢？是思维素质. 随着时间的推移，知识会被遗忘，而科学的思维能力却会长久地保留下来.

如何重视思维训练呢？要从概念出发，因为数学是玩概念的，概念是思维的基础. 经常见到这样的课：知识点→例题→方法总结→练习→课堂小结.

这样的课注重的是规律方法的总结与演练，但概念性不强，所以思维含量不高. 不重视思维能力的训练与落实，题目做得再多，也是低效的.

例如，学生对曲线的切线概念的理解有偏差：一是"在一点处的切线"与"过某一点的切线"不加区别；二是当直线与曲线只有一个公共点，便认为二者相切.

于是，在"导数的应用"一节课里，笔者设计了这样一个问题：

已知函数 $f(x)=\dfrac{1}{3}x^3+\dfrac{4}{3}$，求：（1）过点 $A(2,4)$ 的切线方程；（2）过点 $B\left(2,\dfrac{4}{3}\right)$ 的切线方程.

容易判断点 A 在曲线上，点 B 不在曲线上.

对于（1），学生先求得 $f'(x)=x^2$，进而得切线的斜率 $k=f'(2)=4$，所以很快得到切线的方程为 $4x-y-4=0$，他们表现出沾沾自喜的样子. 但教师不必忙于抛出正确答案，通过引导学生观察图像，发现还有另一条切线，为啥没得出来？

经过大家交流讨论，发现问题出在误把"过 A 点的切线"当作"以 A 为切点的切线，即 A 点处的切线"，原来 A 可以不是切点. 教师追问，如何求出另一条切线呢？学生讨论后作答：应该先设切点. 于是得到如下解法：

设切点为 $P(x_0, y_0)$，则切线的斜率为 $k=f'(x_0)=x_0^2$，故切线的方程为：

$$y-y_0=x_0^2(x-x_0)，\ 即\ y-\left(\dfrac{1}{3}x_0^3+\dfrac{4}{3}\right)=x_0^2(x-x_0).$$

代入点 $A(2,4)$ 得 $x_0=-1$ 或 $x_0=2$，进而可得切线方程为：$4x-y-4=0$ 或 $x-y+2=0$.

对于（2），显然 B 不是切点，所以学生很自然地采用以上设切点的方法. 代

入点 B 的坐标可得 $x_0=0$ 或 $x_0=3$，进而可得切线为：$y=\dfrac{4}{3}$ 或 $27x-3y-50=0$，但是学生又把 $y=\dfrac{4}{3}$ 舍去了.

教师追问：为什么舍去呢？有的学生说画出图像后觉得它不是切线，有的说是切线.

在学生莫衷一是之时，教师请同学们再次回忆切线的定义. 原来问题出在对"切线是割线的极限位置"这一基本概念的理解上，而理解有误是因为有"当直线与圆只有一个公共点时，该直线与圆相切"的思维定式. 现在扩展到一般曲线了，就要对概念有更加全面准确的理解. 这样层层递进，诱导学生暴露其原有的思维框架，有效地突破了思维定式. 这是通过反复演练同种题型很难达到的教学效果. 学生栽了跟头，便有了刻骨铭心的记忆.

6 整体与个体，以个体为重

高三数学复习作为高中教育的重要组成部分，肩负着高中数学教育的"育人"任务——使学生在学识、能力、品质等方面得以提升和发展，形成审慎的思维习惯和崇尚理性的精神，积淀进一步发展的潜力. 站在育人的高度来看待一轮复习，必须使每一位学生的基础知识、基本技能得以提高，并在此基础上形成必要的数学能力；必须坚持"一个都不能少"的原则.

首先，教学方式的选择应有利于全体学生的发展.

在教学活动中，应使全体学生达到高考目标的基本要求. 在问题情境的设计、教学过程的展开、例题的选编、练习的安排等方面，要尽可能地让所有学生都主动参与，要鼓励不同层次的学生提出各自解决问题的策略，恰当评价学生在解决问题过程中所表现出的不同水平.

其次，要关注学生的个体差异，促进每个学生在原有基础上的发展.

现代教育理论认为，每个人都拥有与生俱来的创造性，都具有无限的学习能力，只有承认个性、尊重个性，才能发展个性，培养创造性人才. 教师可以通过改变大一统的教学设计，实行分层设计，达成教学目标.

　　对于学习有困难的学生，教师要给予及时的关注与帮助，鼓励他们主动参与数学学习活动，要及时地肯定他们的点滴进步，耐心地引导他们分析产生困难或错误的原因，并鼓励他们自己去改正，从而增强学习数学的兴趣和信心.

　　对于学有余力的学生，教师要为他们提供足够的材料，多给他们自主的时间和空间，发展他们的数学才能.

　　最后，教师要善于发现个体差异在教学中的闪光点，并善于利用这些闪光点的教学价值，比如典型的错误和奇思妙想等.

基于"最近发展区"的一模后复习方略的宏观思考[①]

纵观各地的高考复习，大致都是在一模以后进行专题复习，然后进行模拟考试与讲评，最后留出一段时间进行自主复习. 一模后的复习效益到底如何？笔者无力做出统一的、肯定的回答. 但是经常会听到高考结束后学生发出这样的感慨：一模以后似乎没有多大提高，做了很多模拟题，但没有预期的效果. 甚至有人戏言，一模时学生处于最佳状态，此时高考就好了. 这确实是值得思考的问题.

一模以后到底如何复习？可谓仁者见仁，智者见智. 各种教育期刊也刊登过不少典型课例和教学设计，笔者甚为欣赏. 本文从宏观的角度，将笔者多年来高三复习中形成的并且付诸实践的思考提出来，与同行共勉.

1 一模后复习的目标定位

一模后复习的目标定位为：① 对于一轮复习中存在的问题进行查漏补缺，继续强化基础；② 在一轮系统复习的基础上构建知识网络，强化对主干知识的突破；③ 提高学科能力，提高综合应用能力，提高应试能力.

---

① 该文刊登于《潞河学刊》2017，3，并获得北京市基础科学研究优秀论文二等奖.

2　一模后学生的现状分析

2.1　因人而异的最近发展区

苏联心理学家维果茨基将学生的发展水平分为：现有发展水平和潜在发展水平，以及介于二者之间的"最近发展区"，"最近发展区"是现有发展水平和潜在发展水平之间的桥梁．"最近发展区"是随个体认识水平的不同而在不停地发展变化的，而不是静态的；"最近发展区"是有范围的，是现有发展水平和潜在发展水平之间的差异，因而我们在教学中不能超出学生的潜在发展水平．

经过一模以前的系统复习，学生的知识和能力已达到一定水准，具备一定的学科能力．不同层次的学生都有不同程度的进步，也就是"最近发展区"都有明显的变化，需要再发展．与此同时，知识网络随着时间的推移又显淡化，部分知识点遗忘现象严重，分化现象开始显现，学生差距明显拉大，学科能力较强的学生表现出明显的优势．

2.2　学情状态

一模以后大多数学生愿意拿来成套试题去做，但由于各科的成套试题增多，加之各科的临时性考试，需要自主安排的时间相对较少，学生解题的探究反思环节被削弱，忙于追求套题数量，学习表现出随意性，不像一模以前那样系统和规范，自主的时间和空间被压缩，甚至显得茫无头绪．

学生在忙于应付各科套题的情境下，对于学科本质的问题又显淡化，关注"其然"，不关注"其所以然"，试图通过暂时记忆应付高考．部分学生一模以前"被老师牵着鼻子走"的惯性，自觉或不自觉地延续到一模以后，还停留在"老师布置作业到学生完成作业"的状态中，自主意识和行为较差，不能合理有效地安排学习时间．

2.3　心理状态

学生看重一模成绩，但更看重一模以后的成绩提高，他们会从中吸取教训，在后续复习中加以调整，期待以后的考试成绩更好，并愿为之做出努力. 这是非常积极的因素.

3 一模后复习方略的思考

目前的现实情况是，我们还不能实现小班化教学，班级人数众多是普遍特色. 一模以后存在着明显的分化特点. 我们将学生粗略地划分为 A、B、C 三个层次.

A 层次：学科能力强，知识网络稳固并能灵活有效地调取自己的知识储备，基本功扎实的学生.

B 层次：具备必要的学科能力，已经形成完整的知识网络，基本功较扎实的学生.

C 层次：学科能力较弱，部分知识点仍未有效形成，仍然支离破碎，未建立起完整的知识网络的学生.

3.1 关注不同层次学生的"最近发展区"

一模以后，各类学生的"最近发展区"都有不同程度的变化，尤其是 A 层学生，他们认识水平已有较大幅度的提高，已经上升到一个更高的层次，他们需要达到更高一级潜在水平，教师要不失时机地创设情境，铺设道路. 此阶段应该在教师的引导下，充分发挥学生的主观能动性，多给他们自主学习的时间和空间. 要改变一模以后学生已成定论的认识，要关注个体差异、尊重个体差异、善于利用个体差异. 拿出一套又一套模拟题，让所有学生去做，虽然看上去轰轰烈烈，师生在心理上也比较宽慰，但实际效果并不理想.

3.2 关注从量变到质变的科学规律

通过系统复习，量的积累已达到一定程度，教师要善于捕获质变的关键点，促成学生的质变. 有经验的教师都知道，从各次模拟到高考，成绩稳步上升的学生大有人在. 笔者认为此阶段教师的教与学生的学都应有所转变，教师以"导"为主，多给学生自主时间，施行分层教学设计，引导学生在合作探究中实现知识的自主生成，教师=教练+导师.

3.3　努力提高解题的思维起点

在高考时对一部分试题的解答，要做到又快又好，一眼能看出解法并快速准确作答，这样才能腾出时间思考难题和做最后的检查、修正，而现状是很多学生来不及检查反思，此项丢分严重. 这就要求解题的思维起点要高一些，所以一模以后的解题训练应该注意以下几点：① 指导学生多进行解题反思，从中感悟、总结不同的思维方式带来的不同解题效果；② 训练面对试题进行总体把握的能力，不仅能够快速识别问题的类型，而且能够快速调取自己知识储备中最有效的东西；③ 尽可能多地积累一些热点题型的思维模式，并在此基础上形成灵活的解题思维.

3.4　努力提高解题的正确率和学生的学科能力

如果把一模以后该做的重点工作（由低层到高层）做以下划分：① 查漏补缺，降低失分率，继续强化基础知识和基本技能，提高通法通性的驾驭能力；② 继续形成条理化、网络化的认知结构，深化对数学本质的理解，提高灵活分析问题、解决问题的能力，深化学科能力；③ 训练面对新颖题目冷静的心态，严谨的思维，锲而不舍的意志品质，提高一般能力. 那么，A 层学生应该①②③兼顾，侧重②③；B 层学生应该①②③兼顾，侧重①②；C 层学生侧重①②.

3.5　加强学法指导，加强应试心理和应试策略的指导

建构主义的学习观认为，学习不是由教师把知识简单地传递给学生，而是由学生自己建构知识的过程. 学生不是简单被动地接收信息，而是在原有的知识经验的基础上，对新信息重新认识和编码，建构自己的理解，这种建构是无法由他人来代替的.

要善于利用建构主义的学习观进行学法指导. 具体做法应根据实际情况区分个体差异而定，笔者对以下常规问题提出自己的一些看法：

（1）资料的整合与利用问题：目前，各种资料、试题铺天盖地，题海无法回

避，教师在选编例题、习题上要进行优选和整理，整合以后再利用可以减少学生不必要的时间消耗，多挤出一些自主复习的时间．如下做法可供参考：多题归一，形成题链，进行反思探究；一题多探，发散思维，进行联想探究；一题多变，拓展视野，进行类比探究．

（2）模拟考卷问题：变侧重讲评为讲评和订正为满分试卷并举．适当压缩讲评时间，要求学生将考卷订正为满分卷，这样既训练了解题的规范性，又是一次很好的归纳整理的机会．

（3）应试策略问题：应该说每位老师都有自己的指导方略，这里应指出的是要避免两种做法，其一是"过分指责"，否则会给学生形成太大的心理压力，往往适得其反；其二是"轻言放弃"，近年来，随着录取率的提高，高考试题难度普遍有所降低，并且实行多题把关，"放弃"显然不是明智的选择，也会给平时的复习形成不好的导向，使学生不敢碰硬，畏惧"难"题，提高也就无从谈起．

（4）回归课本问题：回归课本不是对课本进行简单重复．经过一模以前的复习，学生对知识有了更高层次的理解和感悟，此时依托课本的知识脉络，将复习所得纳入知识体系，可以加深对数学本质的理解，再一次实现质的飞跃．

4 结束语

一模前的复习可以基于学生的共同起点，但一模后的复习学生没有共同的起点．教师要承认、尊重并且善于利用个体差异，善于促成从量变到质变的转化．提高学生的学科能力、应试能力，需要教师付出更多的时间和精力、心血和汗水．一模以后的复习确实值得探讨．

"直线的倾斜角与斜率" 的归纳和演绎活动过程的教学实践与思考[①]

1　问题提出

　　"直线的倾斜角与斜率" 是高中解析几何部分的起始概念. "倾斜角" 和 "斜率" 分别从 "形" 和 "数" 的角度刻画了直线的倾斜程度. 正确理解 "倾斜角" 和 "斜率" 的概念，建立起二者的联系，不仅是数学学科的需要，也是其他学科和将来继续深造的需要. "坐标法" 是研究直线及其几何性质的基础，在直线斜率公式的建立中学生首次接触到这种思想和方法.

　　从解决问题的思想方法的角度看，本节课可以帮助学生初步了解直角坐标系内几何要素代数化的过程和意义，初步渗透解析几何的基本思想和基本研究方法. 从能力培养的角度看，本节课可以培养学生数学地处理问题的思维方式，进一步强化数形结合、分类讨论等思想方法的应用能力，培养通过归纳、抽象、演绎等途径建立数学概念的能力，是培养学生优良数学品质的极好素材.

　　学生具备的知识基础是已经能够熟练应用直角坐标系，明确坐标平面上的点与有序数对可建立一一对应的关系；已从函数的角度认识直线，明确一次函数的图像是直线，并且能从几何和代数两方面理解两点确定一条直线的意义.

　　学生已经具备一定的分析问题和解决问题的能力，逻辑思维已经初步形成，但仍欠深刻，也不太严谨. 在抽象概括形成数学概念的认知过程中还存在一定的困难，需要教师做适当引导.

[①]　该文发表于《加强数学归纳和演绎活动过程的教学实践与思考》，北京教育出版集团，祁京生主编.

基于以上思考，对于"直线的倾斜角与斜率"知识的建立与形成，做如下的设计与实践.

2 教学目标

斜率知识在物理、化学、函数与导数等方面都有广泛的应用，所以需要逐步充实，是一个渐进的过程. 本节课重在形成概念，初步体验解析方法，渗透数学思维方式，所以确定教学目标如下：

（1）在教师的引导下，学生通过生活实例和数学思维，感受倾斜角和斜率这两个刻画直线倾斜程度的几何量的形成过程，建立并理解这两个概念以及二者的关系.

（2）学生通过斜率公式的探究与推导，在掌握了两点的直线的斜率公式的同时，初步体验解析几何的"坐标法"思想和基本研究方法.

（3）在自主探索、合作交流的过程中，学生进一步获得归纳演绎、数形结合、分类讨论等研究数学问题的规律和方法.

3 设计思路

3.1 指导思想

通过问题探究的教学方式，引导学生参与归纳演绎得出概念，分析判断导出公式的整个教学过程. 在知识的发生、发展与应用的过程中，引领学生学会思考问题和解决问题的方法，力求使学生的思维得到发展、学习方式得到改善，从而有效地提高课堂教学质量.

3.2 教学流程

名数学教育家波利亚有一句话："问题是数学的心脏."古语有："学起于思，思起于源."学生探究知识的欲望往往从问题开始，一个耐人寻味的问题往往能激发学生思维的火花. 有了问题, 思维才有方向、才有动力. 鉴于这样的考虑, 本节课采用"问题引领"的探究方式来完成教学任务.

问题 1 确定直线的几何要素有哪些?

生: 两点确定一条直线.

教师追问: 只经过一点呢?

生: 可作无数条直线.

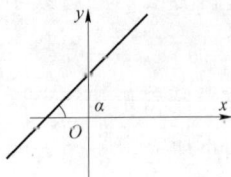

图 1

师: 若需确定一条直线, 除了该点外, 还需什么条件?

生: 与 x 轴的夹角.

师: 一条直线与 x 轴相交时构成四个角, 选择哪一个角更合理方便一些?

不难达成共识: 选定如图 1 所示的 α 角.

师: 那么, 这一部分该如何表述呢? 引出问题 2.

设计意图: 引领学生从现有知识出发, 进行思考、总结、归纳. 通过这样简单的一问一答, 一方面学生可以经历概念的形成过程, 另一方面揭示本节课的主题.

问题 2 用数学概念来刻画事物时, 讲究准确与简洁, 如何用数学语言准确描述倾斜角?

设计意图: 抽象与概括是新课标提出的高中生应具备的数学能力, 为此将定义的表述交给学生. 学生已经感受到引入倾斜角的必要性, 但如果教师直接给出倾斜角的定义, 会使学生处于被动地位, 不利于学生抽象概括能力的培养. 让学生在讨论后得出倾斜角的概念, 使学生有成就感, 亦可加深学生对概念的理解.

练习 1 过点 $A(1, 1)$, 画出有下列倾斜角的直线, 并思考: ① 倾斜角在什么范围内取值时可涵盖所有直线? ② 倾斜角与直线的对应关系.

(1) $45°$ (2) $135°$ (3) $90°$

设计意图: 通过学生的切身感受, 强化直线上一个定点和它的倾斜角是确定一条直线的几何要素, 二者缺一不可. 让学生带着问题作图, 可激发学生积极地进行思维活动. 学生思考发现: ① 定义中未包括与 x 轴平行或重合的直线, 需作补充规定: 当直线与 x 轴平行或重合时, 它的倾斜角为 $0°$. 这样完善了倾斜角的定义, 并自然确认了倾斜角的范围是 $[0°, 180°)$, 而非教师灌输. ② 平面直角坐标系中每一条直线都有确定的倾斜角，确定的倾斜角对应的直线不唯一，从而在认识上有所升华.

问题 3 倾斜角从"形"的角度刻画了直线的倾斜程度. 那么，可否从"数"的角度刻画直线的倾斜程度？

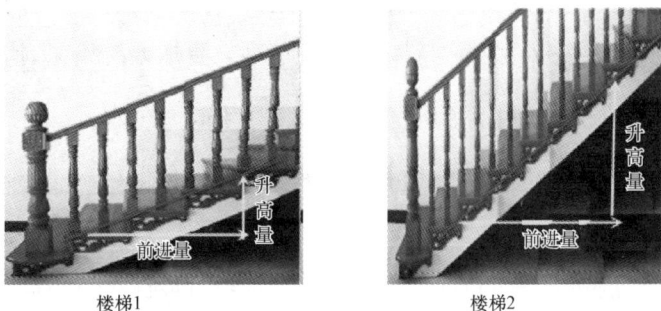

楼梯1 　　　　　　　　　楼梯2

图 2

（1）教师出示生活实例. 幻灯片显示不同倾斜程度的两部楼梯（见图 2），上楼梯 2 比上楼梯 1 费劲，是因为相同的前进量有不同的升高量. 但用前进量和升高量两个数量来表述楼梯的倾斜程度，不符合数学的求简精神. 接着学生得到用升高量与前进量的比，而此值正好是楼梯坡角的正切值. 引导学生迁移、归纳与演绎：坡角相当于直线的倾斜角，而坡度则对应于直线的斜率. 由此抽象出斜率的概念，并加以定义.

设计意图：用生活实例引入，意在降低抽象度，避免学生被动学习，增强其数学学习兴趣及自信心. 一方面使学生明确有了倾斜角的概念，为什么还用斜率来表示直线的倾斜程度，为什么采用正切函数而不是别的三角函数；另一方面将直线的倾斜度和实数之间建立对应关系，可增强函数的应用意识.

（2）学生完成定义. 倾斜角不是 90° 的直线，其倾斜角的正切值叫作这条直线的斜率，即 $k=\tan\alpha$（$\alpha\neq90°$）. 当倾斜角等于 90° 时，其正切不存在，此时直线的斜率不存在.

设计意图：同问题 2 的设计意图一样，让学生自己定义斜率的概念，意在培养学生的抽象概括能力，进而增强其成就感，激发其学习兴趣，有利于突破该难点.

练习 2　已知直线的倾斜角如下，分别写出其斜率，并思考：① 倾斜角与斜率的对应关系；② 倾斜角与斜率的变化规律.

（1）$60°$　　（2）$135°$　　（3）$0°$

设计意图：倾斜角和斜率从"形"和"数"两个方面刻画了直线的倾斜程度. 斜率等于倾斜角的正切值，建立了二者的联系. 对练习的进一步思考，可以让学生从深层次研究直线的倾斜角与斜率的内在联系，更加系统和深刻地认识两个概念，将学生的思维引领向更高的层次. 引导学生用 $y = \tan \alpha \left(\alpha \in [0, \pi) \text{且} \alpha \neq \dfrac{\pi}{2} \right)$ 的图像来讨论 k 与 α 之间的关系，意在构建与正切函数的网络联系，将新知识纳入已有的认知结构.

问题 4　两点确定一条直线，也就确定了直线的倾斜程度，即倾斜角与斜率. 那么已知两点如何求直线的倾斜角和斜率？

设计意图：通过设问激发学生将原有认知结构中的知识与现学知识联系起来，并进一步探索、建立新的知识. 引导学生解决如下问题：

在平面直角坐标系中，已知直线上两点 $P_1 (x_1, y_1)$，$P_2 (x_2, y_2)$，且 $x_1 \neq x_2$，用 P_1、P_2 的坐标来表示直线斜率 k.

推导过程完全交给学生，让学生充当学习的主体. 学生通过自主探究、合作交流突破难点，体验用"坐标法"研究几何问题的方法，进一步感受分类讨论、数形结合、化归等重要数学思想，有助于培养学生研究问题的独立性、条理性和全面性.

学生有两点不易把握：

（1）怎样将两点坐标与 $\tan \alpha$ 相联系？

（2）图形分析不够全面. 教师可先让学生在直角坐标系下联想坡度，找升高量与前进量，再引导其转化为坐标表示. 在教师引导和学生的交流合作下，得到

公式 $k = \dfrac{y_1 - y_2}{x_1 - x_2}$.

练习 3　求经过下列两点直线的斜率，并思考：① 可以求出倾斜角的大小吗？② 使用斜率公式时应注意什么问题？③ 直线的斜率与直线上 P、Q 两点的

位置有关吗？

（1）A（3，2），B（-4，1）

（2）A（3，2），B（4，1）

（3）A（3，2），B（3，-1）

（4）A（3，2），B（-4，2）

设计意图： 使学生在巩固斜率公式的同时，明确公式的适用范围，明确直线的斜率与直线上 P、Q 两点的位置无关. 解决问题时不是机械地代公式，而是带着问题、带着思考，进而建立起 $k=\dfrac{y_1-y_2}{x_1-x_2}$ 与 $\tan\alpha$ 以及 α 的内在联系. 初步感知通过斜率公式，把斜率坐标化，在研究直线时比使用倾斜角更方便.

问题 5 谈谈这节课你有何收获.

设计意图： 反思小结，概括提炼，检验教学目标达成与否. 重点包括：① 是否明确了确定直线的几何要素，理解了倾斜角与斜率的概念？② 是否掌握了求斜率的两种方法（定义法、坐标法）？③ 在建立概念和推导公式时，经历抽象与概括的过程，感受数形结合与分类讨论等数学思想；④ 对用代数方法研究几何问题有初步体验.

上述教学流程可以用框图表示，如图 3 所示。

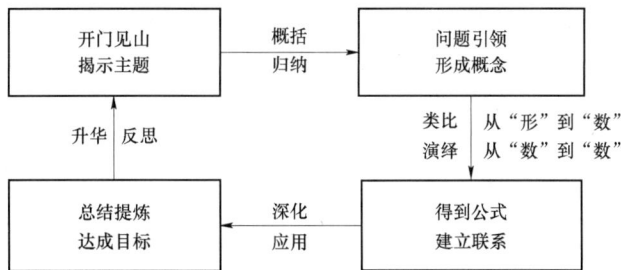

图 3

▦ 4 教学手段

（1）从学生的"最近发展区"创设解析几何的学习情境，使学生对解析几何坐标法有亲切感，以提高学生学习的热情和参与度.

（2）采用"问题引领"的探究方式来完成教学任务，使学生始终能够清晰地把握好课堂教学的主线.

（3）引入两部不同坡度的楼梯，对照前进量和升高量的不同，通过构造直角三角形作动态化处理，使知识的形成鲜活、自然起来，从形象到抽象攻克教学难点.

（4）充分发挥教师的启发诱导，师生之间、生生之间的交流互补，多媒体交互等手段的作用.

5　教学反思

倾斜角与斜率都能刻画直线的倾斜程度，但是斜率在刻画直线的倾斜程度上面更具优越性，所以本节课的教学中突出了斜率概念的核心地位. 教学过程中努力在学生的"最近发展区"设置问题，层层深入，步步为营，使概念得出是自然的. 始终围绕"我们要干什么、我们现在正在干什么"这样的主线，引领学生分析、表达、归纳、演绎得出概念或结论，并且加以应用，进而顺利有效地达成教学目标.

数学概念的建立与应用离不开归纳与演绎. 教学过程中不是由教师把知识简单地传递给学生，而是学生必须经历自己的建构过程. 学生需要在原有知识经验的基础上，对新信息重新认识和编码，建构自己的理解，这种建构是无法由他人来代替的. 教师的作用在于启发诱导.

本节课在知识的发生、发展与应用的过程中，引领学生参与归纳抽象得到概念、分析演绎导出公式，力求使学生在概念学习过程中感悟和获得数学归纳和演绎活动的基本经验，进而提高数学学科的基本能力，这也是课堂教学的价值追求.

数学最值问题的辩证思考[①]

唯物辩证法认为，世间万事万物都处于运动状态，运动是绝对的，静止是相对的，动中有静，静中有动. 只有在运动的事物中寻求相对的静止，才能把握住事物的本质，只有用运动的观点看待事物，才能把握事物的全貌，二者是辩证统一的关系.

数学中的最值问题，就其本质而言，是"数"或"形"在运动过程中由"量"到"质"的变化点. 变化过程是运动的，但"最值点"是静止的，从运动状态到静止状态，或从一般位置到极限位置，充满了动与静的辩证关系. 挖掘其中的辩证规律，并且用于指导教学实际，对于贯彻新课标理念，帮助学生认识数学的科学价值和文化价值，发展辩证思维能力，提高理性思维水平，都会有十分重要的作用.

1 由动到静

有些最值问题，可以通过探索其变化过程，寻找静止的最值点，将最值转化为定值，在静止状态下解决问题.

例1 如图1所示，在 Rt$\triangle AOB$ 中，$\angle OAB = \dfrac{\pi}{6}$，斜边 $AB = 4$. Rt$\triangle AOC$ 可以通过 Rt$\triangle AOB$ 以直线 AO 为轴旋转得到，且二面角 $B-AO-C$ 是直二面角. 动点 D 在斜边 AB 上. 求 CD 与平面 AOB 所成角的最大值和最小值.

分析： 不难得到 $\angle BOC$ 是二面角 $B-AO-C$ 的平面角，$\angle BOC=90°$，进而可得 $CO \perp$ 平面 AOB，所以，

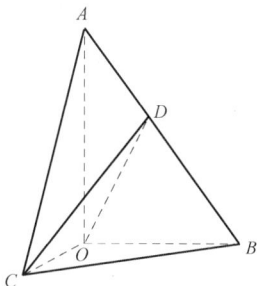
图1

---

① 该文发表于《中学数学》，2002，6.

$\angle CDO$ 是 CD 与平面 AOB 所成的角. 因为 OC 为定值,所以要使 $\angle CDO$ 最大(小),只要 OD 最小(大)即可.

显然当 $OD \perp AB$ 时,OD 最小. 此时 $OD = \dfrac{OA \times OB}{AB} = \sqrt{3}$,且 $\tan \angle CDO = \dfrac{OC}{OD} = \dfrac{2\sqrt{3}}{3}$.

当 D 与 A 重合时,OD 最大,此时 $\angle CDO = \angle CAO = \dfrac{\pi}{6}$.

所以,CD 与平面 AOB 所成角的最大值为 $\arctan \dfrac{2\sqrt{3}}{3}$,最小值为 $\dfrac{\pi}{6}$.

评注: D 是斜边 AB 上的动点,在 D 的运动过程中,当 $OD \perp AB$ 时,OD 最小;当 D 与 A 重合时,OD 最大. 此时的 D 是静止的,动静转化,直接找到最值点. 将最值问题转化为定值问题,一步到位,可谓事半功倍.

例2 设圆满足:① 截 y 轴所得弦长为 2;② 被 x 轴分成的两段弧长之比为 3:1. 求满足条件①、② 的所有圆中,圆心到直线 $L: x-2y=0$ 的距离最小的圆的方程.

分析: 如图 2 所示,设圆心为 O_1 (x_0, y_0),由条件② 知,$\angle AO_1B = 90°$,半径 $r = \sqrt{2}|y_0|$,再由① 得 $x_0^2 + 1^2 = 2y_0^2$,即 $2y_0^2 - x_0^2 = 1$……I

以上将动圆圆心转化为定双曲线 I 上的点,找到了圆心"动"的规律,也实现了由动到静的第一次转化. 继续考虑"静"的因素.

参见图 3,欲使点 O_1 到直线 L 的距离最小,取与直线 L 平行且与双曲线 I 相切的直线,不难发现切点到直线 L 的距离最小. 到此实现了由动到静的第二次转化. 最值问题已成定值问题,结果易得:$(x+1)^2 + (y+1)^2 = 2$ 或 $(x-1)^2 + (y-1)^2 = 2$.

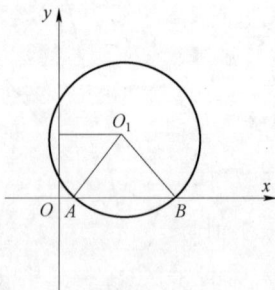

图 2

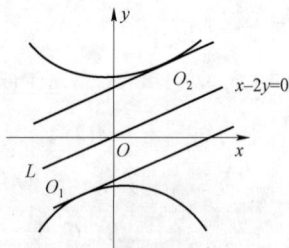

图 3

评注: 本题通过两次由动到静的转化,找到了最值点,辩证思维可见一斑.

2 由静到动

有时在静止的状态下难以把握问题的全貌，可以静中思动，将问题放在一个大环境里，以运动的观点观察问题、分析问题，必能达到高瞻远瞩之效.

2.1 由数式到图形

例3 求函数 $y = \dfrac{\sin x}{2} + \dfrac{2}{\sin x}$ $(0 < x < \pi)$ 的最小值.

分析：将原式化为 $y = \dfrac{\sin^2 x - (-4)}{2\sin x - 0}$，联想到斜率公式，此式可视为动点 M $(2\sin x, \sin^2 x)$ 和定点 $N(0, -4)$ 连线的斜率，求其最小值即可. 而点 M 在抛物线 $x^2 = 4y$ $(0 < x \leqslant 2)$ 上，从图4易知过点 N 和点 $M(2, 1)$ 的直线的斜率最小. 结果为 $\dfrac{5}{2}$.

例4 求函数 $f(x) = \sqrt{x^2 + 4x + 8} + \sqrt{x^2 - 4x + 8}$ 的最小值.

分析：$f(x) = \sqrt{(x+2)^2 + 4} + \sqrt{(x-2)^2 + 4}$，此式可视为 x 轴上一动点 $P(x, 0)$ 到两个定点 $A(-2, 2)$，$B(2, 2)$ 的距离之和，如图5所示，最小值为 $AC = 4\sqrt{2}$.

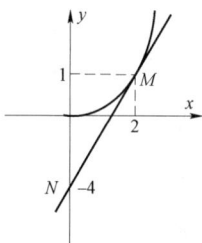

图4

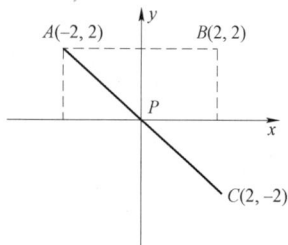

图5

评注：面对静态的数或式，展开联想的翅膀，考虑其动态的图形背景，然后以图形辅助数式，产生了质的飞跃.

2.2　由常量到变量

例 5　同例 4.

分析： $f(x)=\sqrt{(x+2)^2+4}+\sqrt{(x-2)^2+4}$ ，这里 4 为常数，令 $4=y^2$，上式可视为动点 $P(x, y)$ 到两个定点 $A(-2, 0)$，$B(2, 0)$ 的距离之和，联想到椭圆的定义，令 $\sqrt{(x+2)^2+y^2}+\sqrt{(x-2)^2+y^2}=2a$，求 $2a$ 的最小值即可.

椭圆的方程为：$\dfrac{x^2}{a^2}+\dfrac{y^2}{a^2-4}=1$，这里的条件为 $\begin{cases} 2a>4, \\ a^2-4>0 \\ \dfrac{y^2}{a^2-4}\leqslant 1, \end{cases}$ ，解得 $a\geqslant 2\sqrt{2}$，

所以 $2a\geqslant 4\sqrt{2}$.

评注： 虽然 4 是常数，但其所处位置的结构特征，预示着必有一般的规律，故引进变量，构造椭圆，以运动的观点思考问题，达到了更高层次的思维水平.

2.3　由局部到整体

例 6　在四面体 $ABCD$ 中，已知棱 AB 与 CD，AD 与 BC，AC 与 BD 的距离依次为 h_1，h_2，h_3，求该四面体体积的最大值.

分析： 仅在原四面体内考虑其体积问题是很难操作的，我们将其补成平行六面体，在这一大背景下看其本质. 如图 6 所示，不难发现原四面体的体积是平行六面体体积减去四个三棱锥的体积，易知该平行六面体上下两个面的距离为 h_1，左右两个面的距离为 h_2，前后两个面的距离为 h_3，设原四面体的体积为 V，平行六面体的体积为 V_1，平行四边形 A_1DB_1C 的面积为 S，A_1C 与 B_1D 间的距离为 x，则 $S=A_1C\cdot x\geqslant h_2\cdot h_3$，$V_1=Sh_1\geqslant h_1h_2h_3$，$V=V_1-4V_{A-A_1CD}=V_1-4\times\dfrac{1}{3}\times\dfrac{1}{2}Sh_1=\dfrac{1}{3}V_1\geqslant\dfrac{1}{3}h_1h_2h_3$.（当且仅当对棱相等，即补成长方体时取等号）

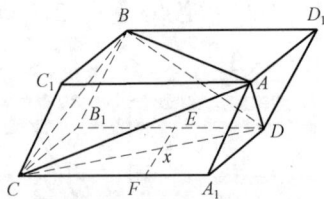

评注： 有时在局部的范围内难以把握问题的实质，可以用全局的观点考虑问题所处的整体范围，化静为动，寻找思维的突破口.

图 6

　　总而言之，高中阶段学生形成对数学价值的科学合理的认识，提高理性思维能力，无疑是非常重要的. 动静转化是一种重要的思维策略，具有一定的教育教学价值. 在解题教学中，教师若能不失时机地运用辩证法的观点阐述问题，引导学生用辩证思维去分析问题、解决问题，不仅可以帮助学生提高思维水平，养成科学的思维习惯，而且可以提高其对数学价值的认识，形成科学的世界观，培养创新意识.

试题讲评中如何发挥小题的教学价值

何为数学小题？其实没有严格的定义. 小题的考查目标比较集中，有的小题短小精悍，设计巧妙；有的小题概念性强，思辨性强；有的小题背景深刻，观点高远；有的小题联系广泛，数形兼备. 通过数学小题，可以充分考查学生对于基础知识、基本技能、基本活动经验和基本思想的掌握、理解和感悟程度. 所以，试题讲评中如何发挥好数学小题的教育教学价值是值得思考的问题.

1 顺势而为，在逆境中磨炼意志品质

很多时候，学生有解题思路，但中途某一步受阻，"食之无味"又"弃之可惜"."通法"为何不通？不通又如何变通？这是需要教师充分关注的. 教师需要顺应学生的思路，引导学生梳理方法，打通结点，顺势而为，变不可能为可能，从中培养学生理性探究的科学精神和沉着应对的意志品质.

例 1 （2017 年高考全国卷 Ⅰ 文科 12 题）设 A，B 是椭圆 C：$\dfrac{x^2}{3}+\dfrac{y^2}{m}=1$ 长轴的两个端点，若 C 上存在点 M 满足 $\angle AMB=120°$，则 m 的取值范围是（　　）.

A.（0，1]∪[9，+∞)　　　　　　B.（0，$\sqrt{3}$]∪[9，+∞)

C.（0，1]∪[4，+∞)　　　　　　D.（0，$\sqrt{3}$]∪[4，+∞)

因为长轴的端点坐标依赖于焦点的位置，所以学生容易想到按焦点在 x 轴、y 轴上进行分类. 如何利用 $\angle AMB=120°$？好多学生利用向量的夹角. 所以设 $M(x,y)$，若焦点在 x 轴上，则 $\overrightarrow{MA}=(-\sqrt{3}-x,-y)$，$\overrightarrow{MB}=(\sqrt{3}-x,-y)$，可得

$$\cos 120° = \frac{\overrightarrow{MA} \cdot \overrightarrow{MB}}{|\overrightarrow{MA}| \cdot |\overrightarrow{MB}|} = \frac{x^2 - 3 + y^2}{\sqrt{(x+\sqrt{3})^2 + y^2} \cdot \sqrt{(x-\sqrt{3})^2 + y^2}} \qquad ①$$

但到此停滞不前，有的放弃，有的"死算"。难道解法不可行？为什么"通法"不通，"阻"在何处？面对这样的情况，教师该怎么处理？毕竟是学生自己的思路，而且是非常合理的，学生已经避开利用余弦定理求解的途径，说明已经有了充分的思考。

面对式①怎么办——顺势而为的第一个结点：

这里的问题是式子复杂，运算繁杂。帮助学生挖掘向量夹角的本质，可以发现用直线的方向向量可以简化运算。设直线 MA 和 MB 的斜率分别为 k_1，k_2，不妨设 M 在 x 轴上方，且 $k_1 > 0$，$k_2 < 0$，易得

$$\overrightarrow{MA} = (-\sqrt{3} - x, -y) = (-\sqrt{3} - x)(1, k_1), \quad \overrightarrow{MB} = (\sqrt{3} - x, -y) = (\sqrt{3} - x)(1, k_2)$$

因为 $-\sqrt{3} \leqslant x \leqslant \sqrt{3}$，所以与 $\overrightarrow{MA}$ 同向的方向向量是 $\boldsymbol{n_1} = (-1, -k_1)$，与 $\overrightarrow{MB}$ 同向的方向向量是 $\boldsymbol{n_2} = (1, k_2)$，则

$$\cos 120° = \frac{\boldsymbol{n_1} \boldsymbol{n_2}}{|\boldsymbol{n_1}| \cdot |\boldsymbol{n_2}|} = \frac{-1 - k_1 k_2}{\sqrt{1 + k_1^2} \cdot \sqrt{1 + k_2^2}} \qquad ②$$

k_1，k_2 有什么关系——顺势而为的第二个结点：

由题意得：$k_1 k_2 = \dfrac{y}{x + \sqrt{3}} \times \dfrac{y}{x - \sqrt{3}} = \dfrac{y^2}{x^2 - 3} = -\dfrac{m}{3}$，所以式②为 $\dfrac{1}{2} = $

$$\dfrac{1 - \dfrac{m}{3}}{\sqrt{1 + k_1^2 + k_2^2 + \dfrac{m^2}{9}}}.$$

根据重要不等式 $a^2 + b^2 \geqslant 2ab$ 得：$k_1^2 + k_2^2 \geqslant 2k_1(-k_2) = \dfrac{2m}{3}$.

所以 $\dfrac{1 - \dfrac{m}{3}}{\sqrt{1 + k_1^2 + k_2^2 + \dfrac{m^2}{9}}} \leqslant \dfrac{1 - \dfrac{m}{3}}{\sqrt{1 + \dfrac{2m}{3} + \dfrac{m^2}{9}}}$，即 $\dfrac{1}{2} \leqslant \dfrac{1 - \dfrac{m}{3}}{\sqrt{1 + \dfrac{2m}{3} + \dfrac{m^2}{9}}}$.

解得 $m \leqslant 1$，又 $0 < m < 3$，所以 $0 < m \leqslant 1$.

焦点在 y 轴上时，由学生自己完成，目的是及时巩固以上方法，达到真正理

解，起到举一反三之效果. 此时结论：$m \geqslant 9$.

当然，我们不一定提倡考场上这样解题，但是在习题课上如此"认死理"的解答，重在解答过程中所经历的体验和学到的东西，培养学生求真务实的科学精神和锲而不舍的意志品格，这正是新版课标中所提倡的必备品格.

本题利用"椭圆短轴端点对两焦点的张角最小"，可以简便求解，这里不再赘述.

2　借题发挥，在探究中领悟知识本质

小题的讲评，不能只停留在该题所涉及的数学概念、公式、法则等基础知识上，要深度挖掘习题背后所蕴含的内容，提炼蕴含在其中的数学思想方法，引导学生进行归纳和类比、反思和构建，由此及彼，将题目进行拓展，将知识编织成网络，这样既能巩固所学知识，又能拓展数学视野.

例 2　如图 1 所示，半圆 O 的半径为 1，矩形 $ABCD$ 为半圆 O 的内接矩形，则矩形 $ABCD$ 的面积的最大值为 ＿＿＿＿＿.

学生从不同角度给出了两种基本解法：

解 1：设 $\angle AOB = \theta$，则面积 $S = 2\sin\theta\cos\theta = \sin(2\theta)$，当 $\theta = \dfrac{\pi}{4}$ 时有最大值 1.

解 2：设 $AB = x$，则面积 $S = 2x\sqrt{1-x^2} = 2\sqrt{x^2(1-x^2)} \leqslant 2 \times \dfrac{1-x^2+x^2}{2} = 1$.

当 $x = \dfrac{\sqrt{2}}{2}$ 时，有最大值 1.

课堂教学如果止步于此，可能就会失去探索同类问题的良好契机. 表面上两种解法都很基本，但将题目变式处理，就可看出对于同类问题，哪种解法是更加本质的解法.

变式 1：如图 2 所示，半圆 O 的半径为 1，等腰梯形 $ABCD$ 内接于半圆 O，求梯形 $ABCD$ 面积的最大值.

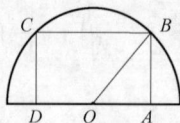

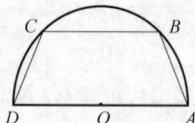

图 1　　　　　　　　　　图 2

变式 2：如图 3 所示，扇形 OPQ 的半径为 1，圆心角为 $\dfrac{\pi}{3}$，C 是扇形弧上的动点，$ABCD$ 是扇形的内接矩形，求矩形 $ABCD$ 面积的最大值.

变式 3：如图 4 所示，扇形 OPQ 的半径为 1，圆心角为 $\dfrac{\pi}{3}$，C 是扇形弧上的动点，$ABCD$ 是扇形的内接平行四边形，求平行四边形 $ABCD$ 面积的最大值.

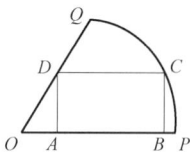
图 3

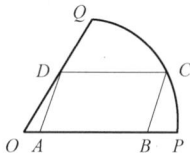
图 4

显然，对于变式问题，解 2 已经不再具有优势. 采用设角的方法是"通法"，是解决同类问题的本质方法. 以下学生可在教师的引导下自主完成.

对于变式 1，设 $\angle AOB=\theta$，面积 $S=(1\cos\theta)\sin\theta$，$0<\theta<\dfrac{\pi}{2}$，利用三角函数知识难度较大，令 $\cos\theta=t$，利用导数求解.

对于变式 2，设 $\angle COB=\theta$，在 $\mathrm{Rt}\triangle OBC$ 中，$OB=\cos\theta$，$BC=\sin\theta$，在 $\mathrm{Rt}\triangle OAD$ 中，可得 $OA=\dfrac{\sqrt{3}}{3}\sin\theta$，所以 $AB=OB-OA$，面积 $S=\sin\theta\cos\theta-\dfrac{\sqrt{3}}{3}\sin^2\theta$，用三角函数知识不难求解，这里略.

对于变式 3，设 $\angle COB=\theta$，采用变式 2 的解法，难以奏效，其原因是变式 2 中用到了直角三角形，而变式 3 中没有这样的条件. 但是在 $\triangle ODC$ 中用正弦定理可得 $DC=\cos\theta-\dfrac{\sqrt{3}}{3}\sin\theta$，进而面积 $S=\sin\theta\cos\theta-\dfrac{\sqrt{3}}{3}\sin^2\theta$. 反观变式 2，也可以用正弦定理，所以，采用正弦定理是更加本质的方法. 同时，变式 2 和变式 3 的结果是相同的，此时学生更清楚地看到了变式问题的内在关系.

至此，通过不断揭示解法的本质，最大限度发挥了习题的教学功能，使得解题方法得以推广，达到解一题、会一法、通一片的课堂效果，进而以不变应万变. 同时，提高了学生的抽象与概括，分析与综合的能力，使得思想得以升华，能力得以提升，素养得以培养.

3　小题大做，在比较中提升思维素养

小题大做，不是将简单的事情搞复杂，而是在"大"字上做文章. 通过联系的观点从不同角度审视同一题目，达到深化知识理解、沟通知识网络、提升思维品质的目的. 进而从思想深处帮助学生拓展解题的切入点，提高解题的思维起点，由小题大做达到小题巧做.

例 3　a，b，c，d 都是实数，$a^2+b^2=1$，$c^2+d^2=1$，求证 $|ac+bd|\leqslant 1$.

解析 1：立足基础，用证明不等式的基本方法——比较法、分析法、综合法求解.

解 1（比较法）：显然，$|ac+bd|\leqslant 1$ 等价于 $-1\leqslant ac+bd\leqslant 1$，下证 $ac+bd\geqslant -1$.

因为　$ac+bd-(-1)=ac+bd+1=ac+bd+\dfrac{1}{2}+\dfrac{1}{2}$

$$=ac+bd+\dfrac{a^2+b^2}{2}+\dfrac{c^2+d^2}{2}=\dfrac{(a+c)^2+(b+d)^2}{2}\geqslant 0$$

所以　　　　　　　　　　　　　$ac+bd\geqslant -1$

同理可证 $ac+bd\leqslant 1$. 所以 $|ac+bd|\leqslant 1$.

解 2（分析法）：要证　$|ac+bd|\leqslant 1$，只要证 $(ac+bd)^2\leqslant 1$，即证

$$a^2c^2+2abcd+b^2d^2\leqslant 1 \qquad\qquad ①$$

由于 $a^2+b^2=1$，所以式①等价于 $a^2c^2+2abcd+b^2d^2\leqslant a^2+b^2$ ……②，证明式②即可.

只要证 $2abcd\leqslant a^2-a^2c^2+b^2-b^2d^2=a^2(1-c^2)+b^2(1-d^2)=a^2d^2+b^2c^2$，

只要证 $(ad-bc)^2\geqslant 0$，而此式成立，所以原不等式成立.

解 3（综合法）：因为 $|ac+bd|\leqslant |ac|+|bd|$，$|ac|\leqslant\dfrac{a^2+c^2}{2}$，$|bd|\leqslant\dfrac{b^2+d^2}{2}$，所以

$|ac+bd|\leqslant\dfrac{a^2+c^2}{2}+\dfrac{b^2+d^2}{2}=\dfrac{a^2+b^2+c^2+d^2}{2}=1$.

解析 2：代数化思考——由本题的条件特征联想三角代换，由结论特征联想向量的数量积，可得到三角解法和向量解法.

解 4（三角代换法）：注意到 a，b，c，d 都是实数且 $a^2+b^2=1$，$c^2+d^2=1$，令

$a = \cos\alpha$，$b = \sin\alpha$，$c = \cos\beta$，$d = \sin\beta$，则 $ac+bd = \cos\alpha\cos\beta + \sin\alpha\sin\beta = \cos(\alpha-\beta)$，

因为 $|\cos(\alpha-\beta)| \leqslant 1$，所以 $|ac+bd| \leqslant 1$。

解 5（构造向量法）：令向量 $\boldsymbol{x} = (a, b)$，$\boldsymbol{y} = (c, d)$，则 $|\boldsymbol{x}| = 1$，$|\boldsymbol{y}| = 1$，$\boldsymbol{x} \cdot \boldsymbol{y} = ac + bd$。

由 $|\boldsymbol{x} \cdot \boldsymbol{y}| \leqslant |\boldsymbol{x}| \cdot |\boldsymbol{y}|$ 得：$|ac + bd| \leqslant 1$。

解 6（构造函数法）：令 $f(x) = x^2 - 2(ac + bd)x + 1$。因为

$$f(x) = [x - (ac + bd)]^2 + 1 - (ac + bd)^2$$
$$= [x - (ac + bd)]^2 + (a^2+b^2)(c^2+d^2) - (ac + bd)^2$$
$$= [x - (ac + bd)]^2 + (ad - bc)^2 \geqslant 0$$

注意到 $f(x)$ 的图像是开口向上的抛物线，所以 $\Delta = 4(ac+bd)^2 - 4 \leqslant 0$，易得 $|ac+bd| \leqslant 1$。

解析 3：几何化探索：数形结合是常用的数学思想，挖掘隐含在代数条件中的解析几何和平面几何背景，得到如下解法。

解 7（构造点到直线的距离）：注意到 $1 = \sqrt{a^2 + b^2} \cdot \sqrt{c^2 + d^2}$，原不等式等价于 $|ac+bd| \leqslant \sqrt{a^2 + b^2} \cdot \sqrt{c^2 + d^2}$。

构造直线 L：$cx + dy = 0$，该直线过坐标原点，如图 5 所示，令点 $P(a, b)$，易得：P 到直线 L 的距离 $d \leqslant |OP|$，（O 为坐标原点）

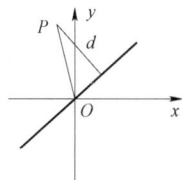

图 5

即 $\dfrac{|ac+bd|}{\sqrt{c^2+d^2}} \leqslant \sqrt{a^2 + b^2}$，所以 $|ac+bd| \leqslant \sqrt{a^2 + b^2} \cdot \sqrt{c^2 + d^2} = 1$。

解 8（构造直线与圆）：构造圆 O：$x^2 + y^2 = 1$ 和直线 L：$cx + dy = 0$，如图 6 所示，设点 $P(a, b)$ 在圆上，因为直线与圆有公共点，所以 P 到 L 的距离 $d \leqslant 1$，而 $d = \dfrac{|ac+bd|}{\sqrt{c^2+d^2}} = |ac+bd|$，所以 $|ac+bd| \leqslant 1$。

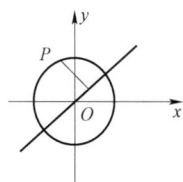

图 6

解 9（构造平面图形）：如图 7 所示，构造边长为 $|a|+|c|$ 和 $|b|+|d|$ 的矩形，$AC \leqslant AB + BC$，

因为 $AC = \sqrt{(|a| + |c|)^2 + (|b| + |d|)^2}$，

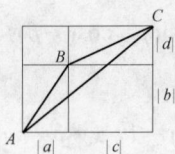

$AB=\sqrt{a^2+b^2}=1$，$BC=\sqrt{c^2+d^2}=1$，

所以　$\sqrt{(|a|+|c|)^2+(|b|+|d|)^2}\leqslant\sqrt{a^2+b^2}+\sqrt{c^2+d^2}=2$.

所以　$a^2+c^2+2|a||c|+b^2+d^2+2|b||d|\leqslant4$，整理得：$|a||c|+|b||d|$

图 7　　　　　$\leqslant1$.

所以　$|ac+bd|\leqslant|ac|+|bd|\leqslant1$.

在教师的引导下，利用同学们的集体智慧，把一道简单题目背后隐藏的基本思路和基本规律，以及知识之间的内在联系都挖掘了出来，产生了多种有价值的解法. 学生的思维过程经过交流与展示得以相互学习，提高了学生对知识的本质理解和思维素质. 通过本例可以看到如何从学科的整体高度把握一题多解，进而充分发挥一题多解的积极功效.

4　结束语

新一轮课改后的高考改革已见端倪，学生数学核心素养的考查，必将是今后的热点. 数学小题的作用不可小觑. 茫茫题海，小题不小，小题也可以折射出耀眼的光芒. 对于小题精练精讲，可以小中见大，以小取胜，实现为思维而教、为素养而教.

高考冲刺阶段应关注的四个函数网络[①]

高考命题突出知识网络的交汇性，函数与其他知识的网络交汇作用，更能显示其独特的魅力. 所以在复习迎考的冲刺阶段，应继续关注函数网络，以提高数学学科能力和应试能力.

■ 网络一　用函数沟通"等"与"不等"

用辩证的观点来看，函数与方程是一对对立统一体，二者既相互区别又有深刻的内在联系，函数是沟通方程（等）与不等式（不等）的桥梁. 函数、方程、不等式是高中数学的重要内容，三者的联系非常紧密. 高考命题历来都有侧重，许多题目已成为数学题中的经典之作. 所以高考冲刺阶段仍要在函数—方程—不等式这一网络结构中，深刻领悟知识内涵，灵活应用知识外延，拓展思维，提高能力. 为此仔细研讨过去高考题中的有关试题，探讨其命题思想、解题方法和隐含在其中的数学思想是大有益处的.

例1（1993 年全国高考题）　关于 x 的实系数二次方程 $x^2+ax+b=0$ 有两个实根 α，β.

证明：（1）如果 $|\alpha|<2$，$|\beta|<2$，那么 $2|a|<4+b$ 且 $|b|<4$；

（2）如果 $2|a|<4+b$ 且 $|b|<4$，那么 $|\alpha|<2$，$|\beta|<2$.

评析：本题考查的知识点不多，但综合性较强，而且主要是思维能力的综合. 表面上看是方程与不等式的问题，似乎未涉及函数，但解题时如何扫清思维障碍，如何打通已知与未知的通道，二次函数这条暗线所起的作用是不可替代的.

---

① 该文发表于《理科考试研究》2003，6.

解：（1）所给条件$|\alpha|<2$，$|\beta|<2$，说明原方程的两根都在区间（-2，2）内，设$f(x)=x^2+ax+b$，则$f(x)$的图像与x轴的交点在（-2，0）与（2，0）之间，结合图像可得

$$f(2)=4-2a+b>0，\quad f(2)=4+2a+b>0，$$

解得　　　　　　$-(4+b)<2a<4+b，\quad 2|a|<4+b.$

又　$|b|=|\alpha\beta|=|\alpha||\beta|<2\times2=4$，故 $2|a|<4+b$ 且 $|b|<4$.

（2）$2|a|<4+b$ 且 $|b|<4$，即 $-(4+b)<2a<4+b$ 且 $-4<b<4$，

于是 $$\begin{cases} f(-2)=4-2a+b>0，\\ f(2)=4+2a+b>0，\\ -2<-\dfrac{a}{2}<2. \end{cases}$$

结合图像易得方程 $x^2+ax+b=0$ 的两根在（-2，2）内，所以$|\alpha|<2$，$|\beta|<2$.

网络二　用函数升华数列问题

单就数列而言，考试说明的要求并不高，但数列作为特殊的函数，自然引发函数与数列的综合应用，这样一来难度就增大了，从而也使数列知识得到升华，所以高考中函数与数列的交汇问题也是一个热点，如 1999 年全国卷和广东卷中的数列题，2002 年上海高考数列试题等，都体现了较强的网络交汇性. 所以应关注函数与数列的网络构建，提高综合能力.

例 2（1999 年，广东）已知函数 $y=f(x)$ 的图像是自坐标原点出发的一条折线，当 $n\leq y\leq n+1(n=0,1,2,\cdots)$ 时，该图像是斜率为 b_n 的线段（其中正常数 $b\neq1$），设数列 $\{x_n\}$ 由 $f(x_n)=n(n=1,2,\cdots)$ 定义.

（1）求 x_1，x_2 和 x_n 的表达式；

（2）计算 $\lim\limits_{n\to\infty} x_n$；

（3）求 $f(x)$ 的表达式，并写出定义域.

例 3（2002 年，上海）已知函数 $f(x)=ab^x$ 的图像过点 $A\left(4，\dfrac{1}{4}\right)$ 和 B（5，1）.

（1）求函数 $f(x)$ 的表达式；

（2）记 $a_n=\log_2 f(n)$，n 是正整数，S_n 是数列 $\{a_n\}$ 的前 n 项的和，解关于 n 的不等式 $a_n S_n \leq 0$；

（3）对于（2）的 a_n 与 S_n，整数 96 是否为数列 $\{a_n S_n\}$ 中的项？若是，求出相应的项数；若不是，说明理由.

评析：这两道题目都是以函数为主线的大跨度的综合题，一方面考查了较宽的知识面，另一方面考查了较强的数学思想. 例 2 涉及函数图像、数列求和、极限问题、不等式问题、直线的斜率等知识，例 3 将函数、数列、不等式融于一题，两题都向考生提出了较高的分析问题和解决问题的能力要求.

两题都用函数定义数列，尤其例 2，由函数关系 $f(x_n)=n$ 定义数列，更具抽象性. 详细答案参见当年高考试题解答.

▓ 网络三　用函数"串联"零散知识

近年来，高考数学试题的长度在缩短，这样一来对于一些非主干知识（如复数、排列组合、二项式定理等）的考查，在有限的试卷长度内，就不能专门设置大题，但若用函数知识加以串联，就可以用一题考查多个知识点，达到事半功倍之效. 由以下两题可见函数的网络作用：

例 4（1999 年，全国）设复数 $z=3\cos\theta+i2\sin\theta$，求函数 $y=\theta-\arg z\left(0<\theta<\dfrac{\pi}{2}\right)$ 的最大值以及对应的 θ 值.

评析：命题者用一个情景新颖的函数 $y=\theta-\arg z$，将复数与三角函数有机结合，构思极其巧妙，用以考查复数的基本概念、三角公式和不等式的基本性质，考查综合运用所学知识解决问题的能力. 本题语言简练，涵盖的知识点多，尽管涉及的每一个知识点都是最基础的知识，但具有很强的网络性.

乍看此题，似乎无从下手，但仔细考虑，可由辐角主值与复数的关系，想到取正切函数，由此便打开了思维的突破口.

易知 $\tan(\arg z)=\dfrac{2\sin\theta}{3\cos\theta}=\dfrac{2}{3}\tan\theta$，$y=\theta-\arg z\in\left(-\dfrac{\pi}{2},\dfrac{\pi}{2}\right)$.

所以 $\tan y=\tan(\theta-\arg z)=\dfrac{\tan\theta-\dfrac{2}{3}\tan\theta}{1+\dfrac{2}{3}\tan^2\theta}=\dfrac{1}{\dfrac{3}{\tan\theta}+2\tan\theta}\leqslant\dfrac{\sqrt{6}}{12}.$

当 $\tan\theta=\dfrac{\sqrt{6}}{2}$ 时，上式取等号，由正切函数的单调性知函数 y 的最大值是 $\arg\tan\dfrac{\sqrt{6}}{12}$，此时 $\theta=\arg\tan\dfrac{\sqrt{6}}{2}.$

例 5（黄冈市部分重点中学联考题）已知函数 $f(x)=x$，函数 $g(x)$（$x\neq0$，$x\neq1$）满足：

$$g(x)=\mathrm{C}_n^0\,f\left(\dfrac{0}{n}\right)x^0(1-x)^n+\mathrm{C}_n^1\,f\left(\dfrac{1}{n}\right)x(1-x)^{n-1}+\cdots+\mathrm{C}_n^n\,f\left(\dfrac{n}{n}\right)x^n(1-x)^0，求\ g(x).$$

评析：将函数与二项式定理结合起来命题，新颖独特. 通项变形后恰好是一个二项展开式. 解题的关键是注意解析式的结构特征，整体观察，化繁为简.

$g(x)=\mathrm{C}_n^0\,\dfrac{0}{n}x^0(1-x)^n+\mathrm{C}_n^1\,\dfrac{1}{n}x(1-x)^{n-1}+\cdots+\mathrm{C}_n^n\,\dfrac{n}{n}x^n(1-x)^0$，其通项可记为：

$$T_{r+1}=\mathrm{C}_n^r\,\dfrac{r}{n}x^r(1-x)^{n-r}=\dfrac{n!}{r!(n-r)!}\,\dfrac{r}{n}\,x^r(1-x)^{n-r}$$
$$=\mathrm{C}_{n-1}^{r-1}x^r(1-x)^{n-r}(r=1,2,\cdots,n).$$

所以 $g(x)=\mathrm{C}_{n-1}^0\,x(1-x)^{n-1}+\mathrm{C}_{n-1}^1\,x^2(1-x)^{n-2}+\cdots+\mathrm{C}_{n-1}^{n-1}\,x^n(1-x)^0$
$\qquad\quad=x[\,\mathrm{C}_{n-1}^0\,(1-x)^{n-1}+\mathrm{C}_{n-1}^1\,x^1(1-x)^{n-2}+\cdots+\mathrm{C}_{n-1}^{n-1}\,x^{n-1}(1-x)^0]$
$\qquad\quad=x.$

网络四　函数思想与最优设计

函数的理论应用和实际应用都比较广泛，最优化设计是中学阶段涉及最多的问题，高考中几乎每年都出现. 不管是何种应用，关键点是：① 建立目标函数模型；② 寻找约束条件；③ 求解函数模型. 其中函数模型主要有以下三种：① 二次函数模型；② 重要不等式模型（多元函数）；③ $y=ax+\dfrac{b}{x}$（$a>0$，$b>0$）模型. 提供以下一组试题供参考（解答参见当年高考试题）.

1. 建立二次函数模型（2000 年全国高考题）

某蔬菜基地种植西红柿，由历年行情得知，从 2 月 1 日起的 300 天内，西红柿的市场售价与上市时间的关系用图 1 的一条折线表示；西红柿的种植成本与上市时间的关系用图 2 的抛物线表示.

（1）写出图 1 表示的市场售价与时间的函数关系式 $P = f(t)$；写出图 2 表示的种植成本与时间的函数关系式 $Q = g(t)$.

（2）认定市场售价减去种植成本为纯收益，问：何时上市的西红柿纯收益最大？（注：市场售价和种植成本的单位：元/100 kg；时间单位：天）

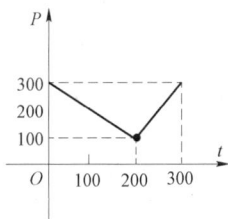 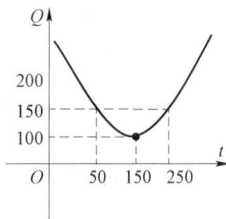

图 1　　　　　　　　　　　图 2

2. 建立不等式模型（1998 年全国高考题）

为了处理含有某种杂质的污水，要制造一个底宽为 2 m 的无盖长方体沉淀箱，污水从 A 孔流入，经沉淀后从 B 孔流出，设箱体的长度为 a m，高度为 b m.已知流出的水中该杂质的质量分数与 a、b 的乘积 ab 成正比，现有制箱材料 60 m^2，

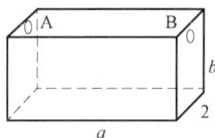

图 3

问：当 a、b 各为多少米时，经沉淀后流出的水中该杂质的质量分数最小？（孔的面积忽略不计）

3. 建立 $y = ax + \dfrac{b}{x}$ 模型（1997 年全国高考题）

甲乙两地相距 s km，汽车从甲地匀速行驶到乙地，速度不超过 c km/h，已知汽车每小时的运输成本（以元为单位）由可变部分和固定部分组成：可变部分与速度 v（km/h）的平方成正比，比例系数为 b；固定部分为 a 元.

（1）把全程运输成本 y（元）表示为速度 v 的函数，并指出这个函数的定义域；

（2）为了使全程运输成本最小，汽车应该以多大速度行驶？

实际背景下的位置关系①
——"木工画线"题引出的一个课例

内容提要. 对部分课本习题进行变式思考，形成具有实际背景的研究型课例. 学生一方面经历了从提出问题到分析问题，再到解决问题的全过程，另一方面体验了"数学地"处理问题的思维方式——直觉思维与理性思维的融合. 在巩固知识与技能的同时，强化了学生对数学学习的过程与方法的认同，认识了数学的思维价值，体会了数学的应用价值，树立了科学合理的思维方式，进而有效地落实了三维目标. 同时，为高三复习如何利用课本提供了一个成功的范例.

关键词：变式思考，课例研究，问题解决，思维培养

在"北京市高中新课程自主排课实验课例研讨会"上，笔者有幸作了一次题为"实际背景下的位置关系"的观摩课. 其时正值高三复习立体几何之际，我思考在线面位置关系的基础复习之后，应该进行一些升华性的工作. 于是我仔细研究了人民教育出版社必修 2——A 版、B 版教材的相关内容，发现两版教材中都有类似于"木工画线"这样的实际问题，如 A 版 63 页第 1 题和 78 页第 2 题，B 版 60 页第 3 题等. 解决这种问题既需要基础知识和基本技能，又需要注意实际问题的可行性. 为此，我将 B 版 60 页第 3 题中的正四面体扩展为一般四面体，形成题目：

在一块四面体木料 $PABC$ 中，M 是面 PAB 内一点，木工师傅要经过 M 在平面 PAB 内画一条直线与 PC 垂直，该如何画？说明理由.

---

① 该文发表于《中学数学教学参考》2011，1–2.

经过反复思考，我发现这个问题所蕴含的基础知识、思想方法和数学思维十分广阔，能激发学生的兴趣，而且切中了新课标中的三维目标. 在实际教学中又融入了我对该问题的思考经历，取得了显著的效果. 限于篇幅，以下只给出主要教学片段.

1 主要教学过程

1.1 提出问题，平凡中起波澜

出示原题：参见图 1，有一个正四面体的木料 $PABC$，M 是面 PAB 内一点，在平面 PAB 内过 M 画一条直线与 PC 垂直，该如何画？说明理由.

师：从该问题出发，你能否提出一个范围更大、更富挑战性的问题？

众生：将正四面体改为四面体.

图 1

看似平淡的一问一答，点燃了学生思维的火花. 已然创建了一个生动有趣、有利于学生主动发展的环境，激起了学生的思考欲望. 学生认为一字之差，不会很难，应该能够很快解决. 于是纷纷动手，但仔细思考，并非易事，甚至有点无从下手.

生 1：过点 C 作平面 PAB 的垂线，通过线面垂直解决.

此想法因为实际不可行而被否定. 这更激发了学生探究的欲望. 真是一字之差，危机四伏！

1.2 分析探究，寻求解决问题的有效途径

面对一个陌生的问题，分析什么？是分析如何套用以前解决过的问题，如何作模式化的处理，还是以"问题解决"的态度，创造性地解决问题？显然是后者.

师：你能解决问题的一部分或特例吗？

生 2：先在正四面体的情况下解决问题. 因为 $PC \perp AB$，所以在侧面 PAB 内过

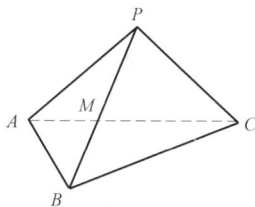

点 M 作 AB 的平行线即可.

师：很好，然后呢？

生2无语. 此时似乎又回到了问题开始时的状态.

师：从正四面体入手，失效了！说明特例的选取有时也许需要调整，但失效不是失败，通过探究、否定、调整、类比、转化等手段，走出思维定式，从中找到正确的思路，得到正确的解法，就是最大的成功. 有没有其他的特例可考虑？

学生议论纷纷. 教师巡视.

生 3：先解决 $PC \perp$ 平面 PAB 的情况. 此时在平面 PAB 内过 M 点任意作一条直线即可.

学生私语：这太简单，也太特殊了.

生 3：别看这个简单、特殊，但我找到了一种思路，以下会有很多工作可作.

师：说说看.

生 3：以上是 $\angle APC$ 和 $\angle BPC$ 都为直角的情况，可接着考虑 $\angle APC$ 和 $\angle BPC$ 之中恰有一个直角、两个都不为直角的情况.

教师引导学生再次梳理生 3 的思路，经过探究实践、合作交流，共同形成解决问题的有效途径——以退求进. 即：先解决问题的一部分，以此寻求解决问题的方法，通过分类讨论、转化与化归，实现问题的全面解决，进而体会了数学的应用价值和"数学地"解决问题的思维方式.

到此，自然而然地划分出五种不同情况（见下文），同时顺利过渡到解决问题的层面. 此时用幻灯片给出已故著名数学家华罗庚语：**解决问题时先足够地退，退到最易看清楚问题的地方，认识透了，然后上去.**

这对于培养学生数学学习的情感态度与价值观，无疑是恰到好处的.

1.3　分层递进，实现问题的全面解决

经过以上分析与探究，解决问题就顺理成章了. 学生讨论后，展示成果.

情况 1：$\angle APC = \angle BPC = 90°$.

生 3 已经解决：在侧面 PAB 内过点 M 任意画一条直线即可.

情况 2：$\angle APC$（或 $\angle BPC$）$= 90°$.

生 4：在侧面 *PAB* 内过点 *M* 作 *AP*（或 *BP*）的平行线即可.

情况 3：∠*APC* 和 ∠*BPC* 都小于 90°.

生 5：受情况 1 的启发，如图 2 所示，在 *PC* 上取一点 *D*，然后在侧面 *PAC* 和侧面 *PBC* 内过点 *D* 分作 *PC* 的垂线，并使所作垂线交 *PA* 于 *E*，交 *PB* 于 *F*，连 *EF*，易知 *PC*⊥平面 *DEF*，所以在侧面 *PAB* 内过 *M* 作 *EF* 的平行线即可.

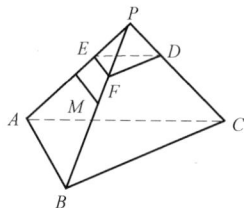

图 2

师：请同学们评价一下生 5 的做法.

生 6：我认为该同学不仅给出了画法，而且说出了这种画法是如何想到的. 这种类比的方式和转化的手段起到了重要作用，非常好.

教师的设问和学生的回答起到了承上启下的作用，使学生感悟到后一情况的解决需要借鉴前一情况的做法，同时要有所突破，学生始终处于兴奋点上，不断接受着新的挑战.

情况 4：∠*APC* 和 ∠*BPC* 都大于 90°.

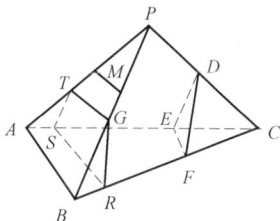

图 3

生 7：同生 6，在 *PC* 上取一点 *D*，然后在侧面 *PAC* 和侧面 *PBC* 内过点 *D* 分作 *PC* 的垂线，但此时交点在 *AC* 和 *BC* 上，分别记为 *E*，*F*，连接 *EF*，再将平面 *PEF* 平移. 如图 3 所示（板演作图），作 *GR*∥*DF*，*RS*∥*FE*，*ST*∥*ED*，连接 *GT*，可证平面 *GRST*∥平面 *DEF*，进而 *PC*⊥平面 *GRST*，所以在侧面 *PAB* 内过 *M* 作 *GT* 的平行线即可.

情况 5：∠*APC* 和 ∠*BPC* 一个小于 90°，一个大于 90°. 不妨设∠*APC*＜90°，∠*BPC*＞90°.

生 8：如图 4 所示，过 *PC* 上一点 *D*，作 *PC* 的垂线，交 *PA* 于 *E*，交 *BC* 于 *F*，延长 *DE*，与 *CA* 的延长线交于 *T*，连接 *TF*，交 *AB* 于 *S*，连接 *ES*，可证 *PC*⊥平面 *DESF*，所以在侧面 *PAB* 内过 *M* 作 *ES* 的平行线即可.（注：尽管 *T* 点在几何体外部，但在实际中可操作.）

到此，实现了问题的全面解决，学生们流露出了欣慰的笑容.

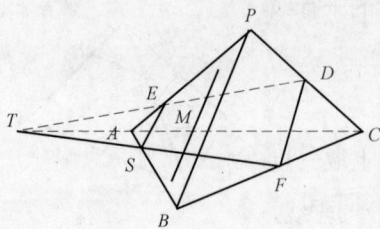

图 4

师生共同归纳解决问题的几个思维结点：① 从退到正四面体入手思考，无法延伸到更一般的情况，进而考虑其他特例——$PC \perp$ 平面 PAB，向正确途径迈出了第一步；② $\angle APC$ 和 $\angle BPC$ 都不是直角时，如何构造出情况 1 的状态？③ 过 PC 上一点 D 作 PC 的垂线后，交点落在何处？

　　师：所以要创新地解决一个陌生问题，需多问几个为什么：能否解决问题的部分？特例是怎么解决的？对其他情形有参考价值吗？有的话，如何构建一个特例那样的模型？前一情况的解决，能为后一情况提供参考吗？这正是科学研究的有效方法.

　　本节课成功地发挥了教师的主导作用和学生的主体作用，并实现了二者的有机配合. 学生一方面经历了从提出问题到分析问题，再到解决问题的全过程，另一方面体验了"数学地"处理问题的思维方式——直觉思维与理性思维的融合，进一步感悟了分类讨论、转化化归、特殊到一般等重要的数学思想.

　　学生通过独立思考、交流合作，共同探究解决问题的突破口. 之后依次完成五种情形下的符合实际意义的作图，并给出证明. 在巩固知识与技能的同时，强化了学生对过程与方法的认同，认识了数学的思维价值，体会了数学的应用价值，树立了科学合理的思维方式，进而有效地落实了新课标中的三维目标.

2　课例简评

　　本节课无疑是一节成功的课例. 以下收录的是课后研讨的点评要点：

　　（1）有效地落实了教学目标. 本节课的目标在于强化基础知识，提高学生分析问题、解决问题的能力，渗透发散思维和创新意识的培养，引导学生用探究、实践、否定、完善、类比、转化等观点去"数学地"解决问题. 看得出来，教师对于教学目标的设置是经过深思熟虑的，也融入了教师的智慧和多年来的积淀.

教学实际也表明：目标的制定与落实是到位的、有效的.

（2）有趣的课题设置. 本节课源于课本，又高于课本，既有鲜活的、贴近学生实际的问题情境，又有浓厚的数学思维. 设置的问题有开放度、有层次、有思维量，从而使学生有亲切感、产生好奇心，激发了学生的求知欲.

（3）有效地实现了教学过程的预设与生成. 教学因课前的预设而更加科学有效，但未因预设而阻断学生的思维. 充分做到了学生探究与接受的统一，在探究活动中学生的个性得到了张扬.

（4）在教学方法上，教师及时把握探究的时机，善于发现学生强烈的学习愿望，不失时机地抓住学生的心理倾向，提出更富挑战性的问题. 例如生 3、生 5 回答完问题后教师的梳理与提问.

（5）本节课在完成教学任务的同时，创造性地发挥了教材的育人功能，使学生在图形直观和严密思考中生成了智慧，实现了"为学生的终身发展打好基础"这一课标理念.

（6）基于学生的起点与落点. 学生经历了从提出问题到分析问题，再到解决问题的全过程，起点在学生，落点也在学生，充分体现了学生的主体作用.

（7）高三复习如何利用教材，本节课提供了一个很好的范例. 对于如何打造有效课堂，实施有效教学，可得到许多有益的启迪.

（8）本课的遗憾之处：45 min 时间还是短了一点，有的学生思考时间不足，有的学生有意犹未尽之感；鉴于接受能力不同，有的学生不能踊跃发言，显得比较被动.

3　关于平时教学实际的思考

3.1　用教材教与教教材

如果回答问题：是用教材教还是教教材？我们会不假思索地回答：用教材教！没错. 但在实际教学中，常常出现不深入挖掘教材的现象；高三复习时，往往将教材束之高阁；更有甚者一谈到教材，就认为是死教教材等. 问题是我们是否离教材太远？毕竟《课程标准》是体现国家意志的最高准则，而教材是最能体现《课程标准》的. 教材中可供挖掘的素材非常多. 教材是依托，离开教材教学将失去依托而变得虚无缥缈，无所适存.

3.2　让数学课堂有"数学味"

数学被誉为思维的体操. 数学课如果只是传播知识与技能，则不仅不符合《课程标准》要求——"高中数学应该提高学生的数学思维能力"，而且失去了数学教育的主要目标. 因此我们在设计数学课时，应该注重培养学生的思维能力，体现学科特色，实现教育价值.

数学在培养人的坚强的意志品质方面，有其他学科不可替代的作用.《高考说明》数学科提出对考生的个性品质要求：考生能够以平和的心态参加考试，合理支配答题时间，以实事求是的科学态度解答试题，树立战胜困难的信心，体现锲而不舍的精神. 这无疑切中了数学教育的本质. 如何发挥好数学教育在此方面的作用，使学生学会分析问题、解决问题的科学方法，磨炼锲而不舍的坚强意志，强化个性品质的培养，值得思考.

课题学习的一个案例①

　　《普通高中数学课程标准》的课程目标明确要求学生应"具有一定的数学视野，逐步认识数学的科学价值、应用价值和文化价值""崇尚数学的理性精神，体会数学的美学意义，从而进一步树立辩证唯物主义和历史唯物主义世界观". 在课程性质里又指出："高中数学课程对于认识数学与自然界，数学与人类社会的关系，认识数学的科学价值、应用价值、文化价值，提高提出问题、分析和解决问题的能力，形成理性思维，发展智力和创新意识，具有基础性的作用."②

　　在新课标理念的启发下，笔者尝试从指定一个课题的角度出发引导学生进行收敛型探究. 笔者思考：《数学通报》具有较强的权威性，将该刊上适合中学生探讨的文章介绍给学生，进行研究性学习，极富挑战性，并能激发学生的学习兴趣. 因此在复习"圆锥曲线"内容时，笔者选择《数学通报》上的一篇文章③，在教师的引导下进行研讨，有非常好的效果.

　　原文给出的如下三个定理（原文分别给以证明）：

　　定理 1　已知抛物线 E：$x^2=2py$（$p>0$）的焦点为 F，其准线与 y 轴相交于点 A，动弦 BC 平行于 x 轴，直线 AB 与抛物线相交于 D，则 C、D、F 三点共线.

　　定理 2　已知椭圆 E：$\dfrac{y^2}{a^2}+\dfrac{x^2}{b^2}=1$（$a>b>0$，$a^2-b^2=c^2$）的焦点为 F，其相应准线与 y 轴相交于点 A，动弦 BC 平行于 x 轴，直线 AB 与椭圆相交于 D，则 C、D、F 三点共线.

① 本文获 2008—2009 学年北京市教育科学研究论文评选二等奖.

② 中华人民共和国教育部. 普通高中数学课程标准（实验）. 人民教育出版社，2003.

③ 郭炳坤. 圆锥曲线的一组统一性质. 数学通报，2004，3.

定理 3 已知双曲线 $E: \dfrac{y^2}{a^2} - \dfrac{x^2}{b^2} = 1$（$a>0$，$b>0$，$a^2+b^2=c^2$）的焦点为 F，其相应准线与 y 轴相交于点 A，动弦 BC 平行于 x 轴，直线 AB 与双曲线相交于 D，则 C、D、F 三点共线.

1　案例及操作程序

（说明：各课间隔长短根据学生完成任务的情况由教师随机掌握，各课时内学生热情高涨，发言踊跃，观点较多，限于篇幅仅写出结论，其余不予赘述.）

第一课时　学习文章，确定课题.

全文印发文 1（上页注①中的文章），要求学生独立学习原文，在此基础上先由学生自由提出问题，主要针对该文的三个定理看是否有可探讨的问题. 整理发言内容，确定如下课题进行研究：① 三个定理的统一叙述与统一证明；② 逆命题成立吗？

课题确定以后，划分小组，3～4 人为一个小组，自由组合，人数不宜过多，以保证人人有思考和发言的机会，小组讨论在课后进行，目标是制定解决问题的方案，小组讨论探究，形成阶段性成果.

第二课时　展示阶段性成果，形成解决问题的正确思路.

各小组进行前阶段成果的初步交流探讨活动，经过课堂共同交流探讨，形成以下共识：

（1）三个定理可统一为：

定理：已知圆锥曲线 E 的一个焦点为 F，相应的准线为 L，L 与圆锥曲线 E 的焦点所在的对称轴的交点为 A，动弦 BC 平行于准线 L，直线 AB 与圆锥曲线 E 交于点 D，则 C、D、F 三点共线.（即 D 在圆锥曲线 E 上，若 A、B、D 共线，则 C、F、D 共线.）

逆命题：已知圆锥曲线 E 的一个焦点为 F，相应的准线为 L，L 与圆锥曲线 E 的焦点所在的对称轴的交点为 A，动弦 BC 平行于准线 L，D 在圆锥曲线 E 上，若 C、F、D 共线，则 A、B、D 共线.

（2）统一证明的思路：建立统一的直角坐标系→ 得到三种圆锥曲线的统一方程→完成统一证明.

（3）逆命题的论证与"统一证明"是一个问题链，解决了"统一证明"后再考虑逆命题问题.

第二课时中由于学生理解和认识上的局限性，需教师加以引导. 本课时是学生探究问题的思维方式的质的提高部分，鼓励学生继续探讨，不能轻言放弃，对得到初步结论者给予表扬，并要求总结探讨活动感想，下一课时连同课题结论一起交流.

第三课时　展示结果，发表感想，全班交流，师生共同评价.

1.1　统一证明

如图 1 所示，以 F 为原点，以 FA 所在直线为 x 轴建立直角坐标系，则 $F(0, 0)$，设焦准距 $|FA|=p$，则 $A(-p, 0)$，L：$x=-P$，设 $B(m, -n)$，$C(m, n)$，D 点的坐标为(x_1, y_1).

设曲线 E 的离心率为 e，(x, y) 是曲线 E 上的任意一点，由圆锥曲线的第二定义可求得 E 的统一方程为：

$\dfrac{\sqrt{x^2 + y^2}}{|x + p|} = e$，即

$$(1-e^2) x^2 + y^2 - 2pe^2 x - e^2 p^2 = 0 \qquad ①$$

直线 AB 的方程为：

$$y = -\frac{n}{p+m} (x+p) \qquad ②$$

将式② 代入式①，整理得：

$$\left[(1-e^2) + \frac{n^2}{(p+m)^2}\right] x^2 + \left[\frac{2pn^2}{(p+m)^2} - 2pe^2\right] x + \frac{2p^2 n^2}{(p+m)^2} - e^2 p^2 = 0$$

此方程一根为 m，另一根为 x_1，由韦达定理得：

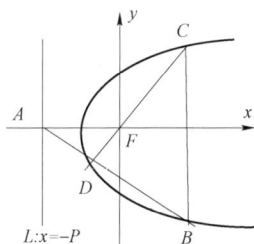

$$mx_1 = \dfrac{\dfrac{n^2 p^2}{(p+m)^2} - e^2 p^2}{1 - e^2 + \dfrac{n^2}{(p+m)^2}} = \dfrac{n^2 p^2 - e^2 p^2 (p+m)^2}{(p+m)^2 (1-e^2) + n^2}$$

$$= \dfrac{p^2 (n^2 - e^2 p^2 - 2pe^2 m - e^2 m^2)}{p^2 + 2mp + (1-e^2)m^2 + n^2 - 2pe^2 m - e^2 p^2}$$

考虑到点（m，n）满足①，即

$$(1-e^2)m^2 + n^2 - 2pe^2 m - e^2 p^2 = 0 \qquad\qquad ③$$

将式③整体代入上式分母中，并将 $n^2 - e^2 p^2 - 2pe^2 m - e^2 m^2 = -m^2$ 整体代入上式分了中得：

$$x_1 = \dfrac{-p^2 m^2}{m(p^2 + 2mp)} = -\dfrac{pm}{p+2m}$$

于是

$$y_1 = -\dfrac{n}{p+m}(x_1 + p) = -\dfrac{pn}{p+2m}$$

即 $D\left(-\dfrac{pm}{p+2m}, -\dfrac{pn}{p+2m}\right)$.

因为 $k_{CF} = \dfrac{n}{m}$，$k_{DF} = \dfrac{y_1}{x_1} = \dfrac{n}{m}$，显然 $k_{CF} = k_{DF}$，所以 C、D、F 三点共线，证毕.

1.2　逆命题成立证明

同以上证明中的假设，直线 CF：$y = \dfrac{n}{m}x$，代入式① 中整理得：

$$[m^2(1-e^2) + n^2]x^2 - 2pe^2 m^2 x - e^2 m^2 p^2 = 0$$

此方程一根为 m，设另一根为 x_1，由韦达定理得：

$$x_1 = \dfrac{-e^2 mp^2}{m^2(1-e^2) + n^2}$$

由式③得：$m^2(1-e^2) + n^2 = 2pe^2 m + e^2 p^2$，代入上式得：

$$x_1 = \dfrac{-pm}{p+2m}$$

于是

$$y_1 = \dfrac{n}{m}x_1 = -\dfrac{pn}{p+2m}$$

即 $\qquad D\left(-\dfrac{pm}{p+2m},-\dfrac{pn}{p+2m}\right)$

所以 $k_{AD}=\dfrac{y_1}{x_1+p}=\dfrac{-n}{m+p}$，又 $k_{AB}=\dfrac{-n}{m+p}$，则 $k_{AD}=k_{AB}$，所以 A、B、D 三点共线，证毕.

1.3　学生感想摘录

（1）个人力量是渺小的，需交流合作，形成合力，相互提高.

（2）要不怕困难，敢于探索，敢于挑战，知难而进.

（3）经过本次学习，我对圆锥曲线的认识有了本质的提高.

（4）进一步感悟了老师常讲的数学美，如整体代换的简洁美、圆锥曲线的统一美、字母运算的奇异美等.

（5）我的数学思维方式有了改进.

（6）在正确结论的形成过程中，虽然我不是主角，但学到了很多难以言表的东西.

（7）应该改进学习方式.

2　几点启示

（1）通过学生的感言，不难看到他（她）们已经自觉地感受到"个体探索，合作交流"的重要性，也感受到数学的美学价值，这与新课标所倡导的学习理念相吻合，足见改进教学方式、学习方式的可行性和重要性. 所以教师应该不失时机地向学生提供数学实践活动和交流的机会，使学生在自由探索中经历一个数学问题的提出、猜想和论证的过程，并从中培养勇于探索、善于转化、乐于思考、勤于反思的学习习惯和数学素养.

（2）高考大纲将学生的"个性品质"作为能力要求列入，明确提出"考生应具有一定的数学视野，崇尚数学的理性精神，形成审慎思维的习惯，体会数学的美学意义""以实事求是的科学态度解答试题，树立战胜困难的信心，体现锲而不舍的精神". 为此在平时的教学中应充分发挥数学在培养学生坚忍不拔的意志品质和理性思维能力方面的独特作用，将"数学思维的教学"落到实处.

联系　拓展　突破　升华①
——专题复习课《圆锥曲线及其性质》评析

　　高考复习大致需经历如下三个阶段：系统复习、专题复习、综合模拟．其中专题复习阶段由于没有固定的教材可依而成为高考复习的"瓶颈"，是大多数教师着力思考的课题．《中学数学教学参考》2012 第 1～2 期大篇幅、大容量、系统性地提供了专题复习的系列课例，为广大一线教师提供了一个良好的交流平台，必将引发大家对专题复习教学的深入研究和思考，是一件非常有益的事．

1　课例：《圆锥曲线及其性质》点评

1.1　教学目标，准确到位

　　"圆锥曲线及其性质"是高考的重点，也是学生学习的难点．通过前期的系统复习，学生对圆锥曲线的知识积累达到了一定程度．在专题复习阶段，学生十分期待在知识和技能方面有进一步的提高，在综合能力方面有所突破．所以教师应该抓住这一有利时机，促成学生从量变到质变转化．陆、朱二位老师看准了学生的实际需求，准确地把握了学生的现有水平和潜在的发展水平，并从知识与能力、过程与方法、情感态度价值观三个维度来设置目标．其中"提高定义法运用于解题的能力""提高整体地、全局地运用方程思想的能力""合理设方程，减少讨论，优化解题，学会抓住数学本质""强化函数与方程思想、转化与化归思想、分类讨

①　该文发表于《中学数学教学参考》，上旬，2012，7．

论思想""树立战胜高考的信心"等，可谓切中要害. 有了目标的准确定位，就有了本课例成功的基础.

1.2 自然联系，合理拓展

本课例采用"提出问题—解决问题—生成新问题"的三环节问题循环教学法，这里的提出问题是课前一天下发预习导引. 教师精心设计的预习导引，有目标、有解答、有变式、有反思，难度不大，但思考和发挥的空间较大. 教师的批改、记录、整理或课前检查，一方面促进学生对相关知识进行自主复习，另一方面可以根据反馈信息及时调整教学设计，进而使教学能够尽快进入主题，并且进一步提高教学的实效性.

课堂教学重在解决问题和进行变式思考以及合理生成新问题，知识和技能得到了有益的拓展. 我们看到，教师设计了具有层次性、开放性、探究性的问题串，环环相扣且极具思考价值，使学生每时每刻都处于思维的兴奋点，能够在"联系—变化—拓展"的氛围中进行深入思考，课堂效益可想而知.

1.3 重在突破，贵在升华

对于圆锥曲线综合问题，学生学习的难点在于面对众多的题给信息，不能有效地进行梳理和加工，往往半途而废. 本课例中教师不急于进行问题解答，而是站在"利用整体的、全局的视角把握方程思想"的高度，带领学生将原"题目中的信息"和"信息的加工"做对照分析（见原文表 2），有效地突破了难点，使学生的感悟和升华落到实处. 将学生心目中高不可攀的"特殊技巧"转化为"通法通性"，进而有利于学生克服"怕难""惧繁"的心理，树立自信，培养良好的个性品质和情感态度价值观，正所谓"教之道在于度，学之道在于悟."

同时，本课例自然、有效地贯彻了解析几何的本质思想——用代数的方法处理几何问题，合理地渗透了函数与方程、转化与化归、数形结合、分类讨论等思想方法.

1.4 美中不足，尚需打磨

其一，第一定义是圆锥曲线的本源，是高考的重点，学生用定义的意识和能力仍需强化. 新课标已淡化圆锥曲线的第二定义, 所以第一定义更显重要. 本课例仅在第二课时的问题 4 中, 以一题多解的形式加以呈现, 分量和地位显得不突出. 如果能在第一课时的题目选编上突出地融合第一定义, 效果将会更好.

其二, 课例是否经过教学实践的打磨? 课例如果在教学实践中加以打磨、提炼, 将更加有血有肉, 更加具有指导意义, 更能起到示范作用.

2　对高考专题复习的几点思考

2.1　高考题难在哪里

按照《考试说明》, 高考试卷由容易题、中等难度题和难题组成, 以中等难度题为主, 其中容易题、中等难度题占到考分的 80% 左右. 那么高考试题难在哪里? 难在"回避"和"创新". 作为选拔性考试, 必然要回避考前各地的模拟题, 以免产生不公平. 必然要有"改编题"和"创新题", 要有创新的设问方式, 但万变不离其宗, 每年高考题都有似曾相识但又不落俗套之感, 就是这个原因.

模拟在前, 高考在后. 不难理解"模拟题在一定程度上是在模拟上一年度的高考题", 所以专题复习重在突破, 贵在升华. 重点应放于提高知识与技能的掌握程度, 提高综合驾驭知识的能力, 积累应考经验, 做好应对创新题的心理和行动上的准备, 达到以不变应万变. 贵刊的系列课例无疑起到了良好的示范作用.

2.2　关注知识网络的重要性

研究表明: 孤立的知识点不能形成有效的技能, 只有建构成知识网络才是最有效的. 专题复习大多从高三第二学期开始进行. 先前构建起来的知识网络, 随着时间的推移又淡化了. 所以专题复习仍需顾及网络结构, 加强知识的横向联系, 形成条理化、网络化的认知结构, 深化对数学的本质理解, 帮助考生学会从知识体系里合理调取有用的信息解决问题.

2.3　提高思维起点，突破思维定式

　　高考时对一部分试题的解答，要做到又快又好，要能够一眼看出解法并快速准确作答，以便腾出时间思考难题和做最后的检查. 所以专题复习阶段应养成解题反思的良好习惯，不应该只满足于"知其然"，还应该"知其所以然". 要多花时间对做过的题目进行分析、反思，积累解题经验，提高解题的思维起点. 此阶段应该在教师的引导下，充分发挥学生的主观能动性，多给他们自主的时间和空间. 备课时要进行充分的预设，该由学生完成的归纳、总结，教师不宜包办代替，要突破模式化的训练形成的思维定式.

2.4　渗透应试心理辅导

　　通过前期的系统复习，各类学生的"最近发展区"都有不同程度的变化，他们对所学知识有了更高层次的理解和感悟，但同时个体差异明显拉大，存在一定程度的分化. 所以教师在选编题目时不仅要有适当的跨度和难度，还要有合适的梯度，以期课堂效益的最大化. 一方面要训练学生面对新颖题目时沉着冷静的心态、严谨的思维、锲而不舍的意志品质；另一方面随着高考的临近，压力明显增大，课堂教学不要人为制造紧张气氛，要加强应试心理和应试策略的指导，让学生多一些成功的体验.

函数专题复习的几条新主线[①]

函数是高中数学的重要内容，以函数为主线的知识网络历来备受重视，随着新教材的普遍使用，函数的活力更加显现，并拓宽了高考的命题空间. 在新的背景下，需对函数的新主线加以概括整理，以利于高考复习.

主线之一：以导数为工具，扩展初等函数的研究范围，开辟新的解题途径

高中阶段引入导数知识后，为函数注入了新的活力，不仅开辟了操作性很强的解题新途径，而且扩展了初等函数的研究范围（如函数的极值、曲线的切线等），并使实用性很强的三次函数、自然对数函数等进入高中课堂，成为高考命题的一个亮点.

例 1 已知函数 $f(x)=ax^3+bx^2-3x$ 在 $x=\pm1$ 处取得极值.

（1）讨论 $f(1)$ 和 $f(-1)$ 是函数的极大值还是极小值；

（2）过点 $A(0，16)$ 作曲线 $y=f(x)$ 的切线，求此切线的方程.

解：（1）$f'(x)=3ax^2+2bx-3$.

依题意（1）$\begin{cases} f'(1)=0, \\ f'(-1)=0. \end{cases}$ 即 $\begin{cases} 3a+2b-3=0, \\ 3a-2b-3=0, \end{cases}$ 解得 $a=1$，$b=0$.

所以 $f(x)=x^3-3x$，$f'(x)=3x^2-3=3(x+1)(x-1)$.

易得当 $x\in(-\infty,-1)$ 或 $x\in(1,+\infty)$ 时，$f'(x)>0$；当 $x\in(-1,1)$ 时，$f'(x)<0$.

故 $f(1)$ 在 $(-\infty,-1)$ 和 $(1,+\infty)$ 内是增函数，在 $(-1,1)$ 内是减函数.

所以 $f(-1)=2$ 是极大值，$f(1)=-2$ 是极小值.

（2）设切点为 $M(x_0,y_0)$，则 $y_0=x_0^3-3x_0$，切线的斜率为 $k=f'(x_0)=3x_0^2-3$.

所以，切线的方程为 $y-y_0=(3x_0^2-3)(x-x_0)$，代入点 $A(0,16)$，得 $x_0=-2,y_0=-2$，

---

① 该文发表于《理科考试研究》2005，9.

进而可得切线方程为：$9x-y+16=0$.

例 2　已知函数 $f(x)=\ln(1+x)-x,\ g(x)=x\ln x$.

（1）求函数 $f(x)$ 的最大值；

（2）设 $0<a<b$，证明：$g(a)+g(b)>2g\left(\dfrac{a+b}{2}\right)$.

解：（1）函数 $f(x)$ 的定义域为 $(-1,+\infty)$，$f'(x)=\dfrac{1}{1+x}-1$，令 $f'(x)=0$，解得 $x=0$.

当 $-1<x<0$ 时，$f'(x)>0$；当 $x>0$ 时，$f'(x)<0$，故当且仅当 $x=0$ 时，$f(x)$ 取得最大值 $f(0)=0$.

（2）$g(x)=x\ln x$，$g'(x)=\ln x+1$，

令 $F(x)=g(a)+g(x)-2g\left(\dfrac{a+x}{2}\right)$，则 $F'(x)=\ln x-\ln\dfrac{a+x}{2}$.

当 $0<x<a$ 时，$F'(x)<0$，所以 $F(x)$ 在 $(0,a)$ 内为减函数；

当 $x>a$ 时，$F'(x)>0$，所以 $F(x)$ 在 $(a,+\infty)$ 内是增函数.

从而 $x=a$ 时 $F(x)$ 有极小值 $F(a)$.

因为 $F(a)=0$，$b>a$，所以 $F(b)>0$，即 $g(a)+g(b)-2g\left(\dfrac{a+b}{2}\right)>0$，所以 $g(a)+g(b)>2g\left(\dfrac{a+b}{2}\right)$.

主线之二：在函数问题中介入新信息，突破思维定式，强化创新意识

在函数问题中，给出课本没有的新信息，如新定义、新运算、新符号、新定理等，要求阅读理解、迁移应用，加强"破势"训练，提高思维品质，培养创新意识.

例 3　对于函数 $y=f(x)(x\in D)$，若同时满足下列条件：① $f(x)$ 在 D 内是单调函数；② 存在区间 $[a,b]\subseteq D$，使 $f(x)$ 在 $[a,b]$ 上的值域为 $[a,b]$，那么 $y=f(x)$ 叫 D 上的闭函数.

（1）判断函数 $f(x)=-x^3$ 可否为闭函数，并求出符合条件的区间 $[a,b]$；

（2）若 $y=k+\sqrt{x+2}$ 是闭函数，求实数 k 的取值范围.

解：（1）$y=-x^3$ 的定义域为 **R**，且是 **R** 上的减函数，若存在区间 $[a,b]\subseteq D$，使 y 在 $[a,b]$ 上的值域为 $[a,b]$，则

$$\begin{cases} -a^3 = b, \\ -b^3 = a, & \text{解得 } a = -1, b = 1. \\ a < b, \end{cases}$$

故 $y = -x^3$ 在 **R** 上是闭函数，符合条件的区间为 $[-1, 1]$.

（2）$y = k + \sqrt{x+2}$ 的定义域是 $[-2, +\infty)$，由定义知，存在 $[a, b] \subseteq [-2, +\infty)$，使该函数在 $[a, b]$ 上的值域为 $[a, b]$，又函数在 $[-2, +\infty)$ 内为增函数，则

$$\begin{cases} a = k + \sqrt{a+2}, \\ b = k + \sqrt{b+2}. \end{cases}$$

所以 a，b 是方程 $x = k + \sqrt{x+2}$ 的两个相异实根.

$x = k + \sqrt{x+2} \Leftrightarrow \begin{cases} x^2 - (2k+1)x + k^2 - 2 = 0, \\ x \geqslant k, \end{cases}$ 即方程 $x^2 - (2k+1)x + k^2 - 2 = 0$ 在 $[k, +\infty)$ 内有两个相异实根.

设 $g(x) = x^2 - (2k+1)x + k^2 - 2$，则

$$\begin{cases} \Delta = (2k+1)^2 - 4(k^2 - 2) > 0, \\ \dfrac{2k+1}{2} > -2, \\ g(k) = k^2 - (2k+1)k + k^2 - 2 \geqslant 0. \end{cases}$$

解得 $-\dfrac{9}{4} < k \leqslant -2$.

主线之三：以分段函数为载体，深化函数的概念和性质

教材中没有对分段函数做深入探究，但纵观近年来各地高考试题，以分段函数为载体的试题层出不穷，内容覆盖了函数的概念、性质和实际应用，且有一定深度，读者可参阅近几年各地高考试题. 这里再举一例，该例的实质是以分段函数为载体考查函数的极限和连续性.

例 4（2004 福建高考题） 设函数 $f(x) = \begin{cases} \dfrac{\sqrt{1+x}-1}{x} & (x \neq 0), \\ a & (x = 0) \end{cases}$ 在 $x = 0$ 处连续，则实数 a 的值为 _____.

解： 当 $x \neq 0$ 时，$\dfrac{\sqrt{1+x}-1}{x} = \dfrac{x}{x(\sqrt{1+x}+1)} = \dfrac{1}{\sqrt{1+x}+1}$.

因为 $\lim\limits_{x \to 0} \dfrac{1}{\sqrt{1+x}+1} = \dfrac{1}{2}$，所以 $a = \dfrac{1}{2}$.

主线之四：以抽象函数为背景，提升理性思维能力

高考数学对思维能力的要求，已提高到理性思维的高度. 理性思维具有理论性、抽象性、严密性等特点，是数学能力的重要组成部分，其能力的高低直接决定着学生个体的发展潜力. 在这一点上抽象函数有着独特的作用.

例 5 设函数 $y = f(x)$ 的定义域为 $\mathbf{R}$，$f(0) = 1$，当 $x > 0$ 时，$f(x) > 1$，对于任意的 m，$n \in \mathbf{R}$，都有 $f(m+n) = f(m)f(n)$.

（1）判断 $f(x)$ 在 $\mathbf{R}$ 上的单调性；

（2）设集合 $A = \{(x, y) \mid f(x^2)f(y^2) < f(1)\}$，$B = \{(x, y) \mid f(ax + by + c) = 1, a, b, c \in \mathbf{R}, (a \neq 0)\}$，若 $A \cap B = \varnothing$，求 a，b，c 满足的条件.

解：（1）对于任意的 x_1，$x_2 \in \mathbf{R}$，当 $x_1 < x_2$ 时，$x_2 - x_1 > 0$，则 $f(x_2 - x_1) > 1$.

$f(x_2) = f[x_1 + (x_2 - x_1)] = f(x_1)f(x_2 - x_1)$，以下判断 $f(x_1)$ 的正负：

当 $x_1 \geqslant 0$ 时，显然有 $f(x_1) > 0$；当 $x_1 < 0$ 时，$-x_1 > 0$，$f(-x_1) > 1$.

因为 $f(x_1)f(-x_1) = f(x_1 - x_1) = f(0) = 1$，所以 $0 < f(x_1) < 1$.

所以对任意的 $x_1 \in \mathbf{R}$，都有 $f(x_1) > 0$.

因为 $f(x_2) = f(x_1)f(x_2 - x_1) > f(x_1)$，所以 $f(x)$ 在 $\mathbf{R}$ 上是增函数.

（2）由集合 A 有 $f(x^2 + y^2) = f(x^2)f(y^2) < f(1)$，得 $x^2 + y^2 < 1$，则 A 表示单位圆内的点；

由集合 B 有 $f(ax + by + c) = 1 = f(0)$，得 $ax + by + c = 0$，则 B 表示一条直线.

由 $A \cap B = \varnothing$ 知，$\begin{cases} x^2 + y^2 < 1, \\ ax + by + c = 0 \end{cases}$ 无实数解，所以 $d = \dfrac{|c|}{\sqrt{a^2 + b^2}} \geqslant 1$，即 $a^2 + b^2 \leqslant c^2$.

主线之五：加强函数与新增内容的联系，编织函数新网络

函数与导数有"天然"的密不可分的联系（见主线之一），另外要特别关注函数与向量、函数与概率、函数与线性规划的网络交汇，以下各举一例.

例 6 袋中有红球和白球共 10 个，从中任取 3 个，问：袋中有几个红球时，所取 3 个球全为同色的概率最小？

解：设袋中有 x 个红球，y 个白球，其中 $x+y=10$，$x \geq 3$，$y \geq 3$.

所取 3 个球全为红球的概率为 $P_1 = \dfrac{C_x^3}{C_{10}^3}$，全为白球的概率为 $P_2 = \dfrac{C_y^3}{C_{10}^3}$，所以全为同色球的概率为

$$
\begin{aligned}
P = P_1 + P_2 &= \frac{x(x-1)(x-2) + y(y-1)(y-2)}{10 \times 9 \times 8} \\
&= \frac{(x^3+y^3) - 3(x^2+y^2) + 2(x+y)}{720} \\
&= \frac{(x+y)^3 - 3xy(x+y) - 3(x+y)^2 + 6xy + 2(x+y)}{720} \\
&= \frac{720 - 24xy}{720} = 1 + \frac{1}{30}(x^2 - 10x)
\end{aligned}
$$

易知当 $x=5$ 时，P 最小，此时 $P = \dfrac{1}{6}$.

例 7 已知 x，y 满足不等式组 $\begin{cases} y \leq x, \\ x+2y \leq 4 \\ y \geq -2, \end{cases}$ 求 $t = x^2 + y^2 + 2x - 2y + 2$ 的最小值.

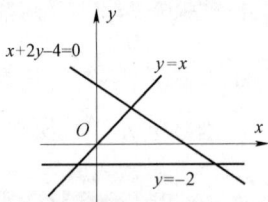
图 1

解：如图 1 所示，作出可行域，将目标函数化为 $t = (x+1)^2 + (y-1)^2$，可视为动点 (x,y) 到定点 $(-1,1)$ 的距离的平方，结合图形，只需求定点 $(-1,1)$ 到直线 $y=x$ 的距离，由点到直线的距离公式得 $d = \dfrac{|-1-1|}{\sqrt{1+1}} = \sqrt{2}$，故 t 的最小值为 2.

例 8 设平面向量 $\boldsymbol{a}$ 与 $\boldsymbol{b}$ 互相垂直，且 $|\boldsymbol{a}|=2$，$|\boldsymbol{b}|=1$，k，t 是两个不同时为零的实数，若向量 $\boldsymbol{x} = \boldsymbol{a} + (t^2-3)\boldsymbol{b}$，$\boldsymbol{y} = -k\boldsymbol{a} + t\boldsymbol{b}$，且 $\boldsymbol{x} \perp \boldsymbol{y}$.

（1）求 k 关于 t 的函数关系式 $k = f(t)$；

（2）求 $k = f(t)$ 的单调区间.

解：因为 $\boldsymbol{a} \perp \boldsymbol{b}$，所以 $\boldsymbol{a} \cdot \boldsymbol{b} = 0$，又 $\boldsymbol{x} \perp \boldsymbol{y}$，所以 $\boldsymbol{x} \cdot \boldsymbol{y} = 0$，$[\boldsymbol{a} + (t^2-3)\boldsymbol{b}] \cdot [-k\boldsymbol{a} + t\boldsymbol{b}] = 0$，即 $-k\boldsymbol{a}^2 + [t - k(t^2-3)]\boldsymbol{a} \cdot \boldsymbol{b} + t(t^2-3)\boldsymbol{b}^2 = 0$.

又因为 $\boldsymbol{a}^2=|\boldsymbol{a}|^2=4$，$\boldsymbol{b}^2=|\boldsymbol{b}|^2=1$，所以 $-4k+t(t^2-3)=0$，所以 $k=f(t)=\dfrac{1}{4}(t^3-3t)$.

（2） $f'(t)=\dfrac{3}{4}(t^2-1)$，令 $f'(t)=0$，得 $t=\pm 1$.

当 $t<-1$ 或 $t>1$ 时，$f'(t)>0$；当 $-1<t<1$ 时，$f'(t)<0$，所以 $f(t)$ 在 $(-\infty,-1)$ 和 $(1,+\infty)$ 内是增函数，在 $(-1,1)$ 内是减函数.

圆锥曲线解题教学要突出
坐标法的核心地位[①]

著名数学教育家波利亚在《怎样解题》中指出.数学教育的目的在于培养学生的思维能力和思维品质.他又指出：解题的成功要靠正确思路的选择，要靠可以接近它的方向去攻击堡垒.

高考圆锥曲线试题思想方法交汇强，能力要求高.试题通过解题策略的选择、解题障碍的突破区分不同层次的考生.此类试题是拉开考生分数档次的关键题目之一.纵观各套高考试题，多以直线与椭圆为载体.试题入口低、观点高，突出考查解析几何的基本知识、基本思想，兼顾对数学思想和数学能力的考查.试题从学科的知识交汇与思想体系去认识、把握解析几何的核心思想——用代数的方法解决几何问题.其核心的解题方法是坐标法.

所谓坐标法，就是建立坐标系，把几何对象转化为代数对象，把几何问题转化为代数问题，利用代数工具、方法研究并获得结论，然后解释几何对象.

圆锥曲线的解题教学方面存在两个不良倾向：

其一，刻意把几何条件的转化当作所谓的"亮点".有的教师选择一些几何条件复杂、不易转化利用的题目，竭力分析如何巧妙转化，这样只能增加教师授课的吸引力，但冲淡了解析几何基本思想的落实.有的教师从几何条件的分析转化出发，列出多种方法，剩下的运算留待学生完成.事实上，几何条件的转化是为坐标法的顺利实施提供支持的.纵观各套高考试题，考生在读懂题意方面没有太大障碍，能够尽快厘清条件信息，找到解题思路.其中，几何条件的转化并不复杂.

---

① 该文发表于《中学数学教学》2018，2.

其二，过分的模式化训练. 好多教师习惯于题型归类、方法总结. 比如有的教师从易到难划分题型——位置关系问题、最值与范围问题、定点与定值问题、存在性探索性问题，等等，并且加以解题训练. 通过各类题目总结许多"解题模式"，这样会给学生带来负面的"条件反射". 事实上，不管何种题型，不论如何变化，说到底只有一种方法——坐标法.

那么，如何才能落实好坐标法呢? 笔者根据自己的教学实践觉得要把握好如下两个问题:

第一，要善于促进学生形成可行的解题思路和有效的变通.

解题思路的形成是解题者根据题目条件提供的信息和结论的目标指向，结合大脑储存的数学知识、思想、方法共同作用的结果. 条件是基础，结论是方向，变通是关键. 教学实践表明:学生在解答圆锥曲线综合题时不是没有思路，而是存在以下两个问题:一是解题思路不可行，二是思路可行但变通不畅. 找准了问题的关键，也就找到了教学的着力点. 所以教学中教师既要善于促成学生形成可行的解题思路，又要善于促进学生形成有效的变换与沟通.

例1 在平面直角坐标系中，点 B 与点 $A(-1, 1)$ 关于坐标原点 O 对称，P 是动点，且直线 AP 与 BP 的斜率之积等于 $-\dfrac{1}{3}$.

（Ⅰ）求动点 P 的轨迹方程;

（Ⅱ）设直线 AP 和 BP 分别与直线 $x=3$ 交于点 M，N，问:是否存在点 P 使得△PAB 与△PMN 的面积相等? 若存在，求出点 P 的坐标;若不存在，说明理由.

解:（Ⅰ）P 的轨迹方程为 $x^2 + 3y^2 = 4(x \neq \pm 1)$.

（Ⅱ）**第一步:分析题意，形成思路.**

可用条件:① P 在椭圆 $x^2 + 3y^2 = 4(x \neq \pm 1)$ 上;② 直线 AP 和 BP 分别与直线 $x=3$ 交于点 M，N;③ $S_{\triangle PAB} = S_{\triangle PMN}$.

目标指向: P 点坐标（若存在）.

这里必须明确何为 P 点存在? 何为 P 点不存在?

设 $P(x_0, y_0)$，若关于 x_0（或 y_0）的方程有解，且 $x_0 \in [-2, 2]$ 时，则 P 点存在，否则 P 点不存在. 于是就需要建立关于 x_0 的方程，那么如何建立呢? 考虑条件③，面积相等是几何条件，其代数表达如何? 思路由此展开.

$$S_{\triangle PAB} = S_{\triangle PMN} \rightarrow \begin{cases} \dfrac{1}{2}|AB|d_{P-AB} = \dfrac{1}{2}|MN|d_{P-MN}, \cdots\cdots④ \\[2mm] \dfrac{1}{2}|PM| \times |PN|\sin\angle MPN = \dfrac{1}{2}|PA| \times |PB|\sin\angle APB. \cdots\cdots⑤ \end{cases}$$

接下来，需将式④、式⑤坐标化. 设点 M, N 的坐标分别为 $(3, y_M)$, $(3, y_N)$.

④ $\Leftrightarrow 2|x_0 + y_0| = |y_M - y_N|(3 - x_0)$ $\cdots\cdots⑥$

⑤ $\Leftrightarrow |PM| \times |PN| = |PA| \times |PB|$ $\cdots\cdots⑦$

第二步：合理转化，有效变通.

式⑥ 的问题是字母过多，如何减少，这就是变通的问题. 条件②的本质是三点共线，可实现用 P 点坐标表示 M, N 的坐标.

法一：利用直线 AP 与直线 $x=3$ 求交点 M，直线 BP 与直线 $x=3$ 求交点 N；

法二：利用 $k_{AP} = k_{AM}$，$k_{BP} = k_{BN}$；

法三：利用 $\overrightarrow{AP} \parallel \overrightarrow{AM}$，$\overrightarrow{BP} \parallel \overrightarrow{BN}$.

以上均可得：$y_M = \dfrac{4y_0 + x_0 - 3}{x_0 + 1}$，$y_N = \dfrac{2y_0 - x_0 + 3}{x_0 - 1}$，代入式⑥便可实现有效的变通，进而建立方程：

$$S_{\triangle PMN} = \frac{1}{2}|y_M - y_N|(3 - x_0) = \frac{|x_0 + y_0|(3 - x_0)^2}{|x_0^2 - 1|}，\text{下略.}$$

对于式⑦，学生容易列出四个"两点间距离"，进而陷入窘境，停滞不前. 此时必须进行有效的转化，方可进行下去. 这个教学环节正是培养学生形成敢于碰硬、不服输的意志品质的有利时机. 结合图形仔细分析，转化为射影之比：

$$\frac{|PA|}{|PM|} = \frac{|PN|}{|PB|} \Leftrightarrow \frac{|x_0 + 1|}{3 - x_0} = \frac{3 - x_0}{|x_0 - 1|}，\text{问题到此迎刃而解.}$$

第三步：规范书写，完成解答.

根据以上分析，不难形成多种解题方法，这里略.

只有第一、第二两步处理得合理到位，才能形成有效的解题思路，教师的引导作用，重点应该在第二步，第一步和第三步只要留足一定的时间和空间，学生是能够独立完成的.

有效的解题策略、思路、方法，不是教师告诉学生的，而是学生自己生成的. 教师要回避"告诉式"的教学方式. 教师的作用是引导学生找到一种正确的可行的思路，并且经过一段时间的训练使其成为学生的自发行为.

教学时应该围绕坐标法展开，从不同角度切入，用多种方法解答. 既要重视一题多解，又要重视多题一解. 通过一题多解开拓思路，通过多题一解把握本质.

第二，不可回避运算，要让学生想得出来、算得出来.

数学运算是数学核心素养之一. 运算能力包括分析运算条件、探究运算方向、选择运算方法、确定运算程序等一系列过程中的思维能力，也包括在实施运算过程中遇到运算障碍而调整运算的能力. 解析几何试题承载着高考对运算能力的考查要求，试题对于运算量的大小、运算长度的设置、运算障碍的设置都是经过慎重考虑的，在整个试卷里是合理配套的，因而也是考生应该具备的、不可回避的.

教师要有如上的认识. 不能一味引导学生回避运算，要鼓励学生敢于运算、善于运算，提高克服障碍的勇气和信心，这也是考试说明中的数学"个性品质要求".

例2 已知抛物线 $y^2 = 4x$，点 $R(1, 2)$，过点 $Q(1, 1)$ 作直线交抛物线 C 于不同两点 A，B，若直线 AR，BR 分别交直线 l：$y = 2x + 2$ 于点 M，N，求 $|MN|$ 最小时直线 AB 的方程[①].

教学时，发现一学生给出如下解题片段：

设直线 AB 的方程为 $y - 1 = k(x - 1)$，$A(x_1, y_1)$，$B(x_2, y_2)$，则 $k_{AR} = \dfrac{y_1 - 2}{x_1 - 1}$，

直线 AR 的方程为 $y - 2 = \dfrac{y_1 - 2}{x_1 - 1}(x - 1)$.……①

同理，直线 BR 的方程为 $y - 2 = \dfrac{y_2 - 2}{x_2 - 1}(x - 1)$.……②

由 $\begin{cases} y = 2x + 2, \\ y - 2 = \dfrac{y_1 - 2}{x_1 - 1}(x - 1) \end{cases}$ 得 M 点的坐标 $M\left(\dfrac{2 - y_1}{2x_1 - y_1}, \dfrac{4 + 4x_1 - 4y_1}{2x_1 - y_1}\right)$，同理，

$N\left(\dfrac{2 - y_2}{2x_2 - y_2}, \dfrac{4 + 4x_2 - 4y_2}{2x_2 - y_2}\right)$.

所以 $|MN|^2 = \left(\dfrac{2 - y_1}{2x_1 - y_1} - \dfrac{2 - y_2}{2x_2 - y_2}\right)^2 + \left(\dfrac{4 + 4x_1 - 4y_1}{2x_1 - y_1} - \dfrac{4 + 4x_2 - 4y_2}{2x_2 - y_2}\right)^2$.……③

[①] 刘胜林. 一道周测试题的解法探析与教学反思. 数学通讯：2017，3.

至此停滞不前，怎么办？学生的解题思路何尝不是立足根本，正规正矩的解法呢！而且极具代表性．该生能算到这一步确实不易，说明他的运算很准确，值得肯定与表扬．所以教师不要急于抛出自己的想法，或急于展示其他学生的成功解法．应该顺应该生思路，引导学生共同分析、评价，找出问题，找出方法，让学生在比对与评价中学会处理问题．

停滞不前的原因显然是变量过多．如何减少变量呢？肯定还有一些条件未利用．这个原因一经提出，众生发现：

A，B 的坐标应满足抛物线的方程，由此得 $x_1 = \dfrac{y_1^2}{4}$，$x_2 = \dfrac{y_2^2}{4}$ ④，代入式③，即可继续化简．

师：好！"点在曲线上，则点的坐标满足曲线的方程"，反之呢？

生："点的坐标满足曲线的方程，则该点在曲线上."

师：这正是解析几何的基本思想之一．之所以停滞不前，是因为这种意识不强烈．

教师要抓住这一有利时机，帮助学生强化"点在曲线上，则点的坐标满足曲线的方程；反之，点的坐标满足曲线的方程，则点在曲线上"这一解析几何基本思想的理解和认识．此时此刻，学生的思维是活跃的．又有不少学生发现将式④代入式①、式②先化简，再解交点更简单．

教师肯定与表扬之后，留出时间让学生做下去，看谁做得又对又快．在最后处理目标函数最值时，又是一个节点，本文不再赘述．

课堂上留足时间、空间让学生想出来、做出来，并进行"策略选择、运算方法、障碍调整"等方面的反思、提炼．通过这样的过程可以让学生体验成功的乐趣，树立战胜困难的信心，培养锲而不舍的意志品质．

结束语：新一轮课改后的高考改革已见端倪．解析几何综合题依然是高考的热点和重点，必将常考常新，所以难免由陌生之感而产生难度．但无论如何，都不会离开解析几何的学科本质．解题教学的重点是有效的解题思路的形成和运算的顺利进行．说到底就是要：明确一种思想——用代数的方法解决几何问题；强化一种方法——坐标法；树立一种态度——解决问题；培养一种品质——不服输．

第二部分
高考研究篇

立足基础，突出能力，聚焦数学素养①
——2017 北京高考数学试题评析与思考

内容提要： 立足基础、突出能力、关注数学文化、聚焦数学素养是试卷的核心所在. 高考复习要在理解数学本质上下功夫. 注重基础，充分认识基础知识在能力形成过程中的作用，理解知识本质、提高学科能力，以不变应万变，应该是高三复习不变的价值追求.

1 试题评析

1.1 总体保持稳定，继承与创新有机结合

2017 年北京高考数学试卷承袭了多年来业已形成的试题格局：8 道选择题，6 道填空题，6 道解答题；文科和理科试题适度区别. 试题既保持相对稳定，又有适度创新. 整份试卷呈现入口低、坡度缓、梯次递进、逐渐深入等特点，形成了客观题难度适中、主观题层次分明，立意朴实而又不失新颖的试卷特色，非常切合北京市的教育实际，具有良好的区分功能.

1.2 突出主干知识，聚焦数学素养

立足基础、突出能力、聚焦数学素养是本套试卷的核心所在. 试题紧紧围绕函数、三角函数、数列、立体几何、解析几何、统计与概率、导数等支撑学科知

① 该文发表于《中学数学》2017，8.

识体系的主干部分进行设置，不刻意追求知识的覆盖面. 既关注对数学基础知识、基本技能的考查，又关注学生终身发展所需要的数学核心素养.

理科第 14 题设置全新的问题情境，要求学生对具体的实例进行抽象概括，发现研究对象的本质，考查学生的数学抽象素养. 理科第 7 题和第 16 题，文科第 6 题和第 18 题考查学生的直观想象素养. 理科第 20 题以抽象的符号语言为题干，考查学生能否正确理解抽象的数学概念，并在此基础上进行符号化的数学表征和逻辑推理. 要求考生具有比较扎实、全面的数学基础，具有较高的综合分析问题、解决问题的能力，综合衡量学生的数学抽象、逻辑推理和数学建模等素养. 文科第 14 题要求学生根据给出的逻辑关系做出推理判断，文科第 19 题、理科第 19 题在解析几何试题中设置证明问题，都是为考查学生的逻辑推理素养而有意为之.

多角度、多层次考查数学运算能力. 在众多涉及运算的试题里，如三角试题、立几试题、解析试题、导数试题等，没有繁杂的数值计算，而是站在数学运算素养的培养高度，考查学生分析运算条件、探究运算方向、选择运算方法（如向量工具的利用）、确定运算程序等一系列过程中的思维能力，也包括在实施运算过程中遇到运算障碍而调整运算的能力.

理科第 17 题设置了一个新颖鲜活的"研究一种新药的疗效"的背景，并用图表形式给出信息，让人感觉到"数学就在身边，数学是有用的". 试题展现的是当今大数据时代下，读图、读表、数据处理的统计分析方法. 考查学生阅读理解、提取信息、数据分析和数学建模等数学核心素养，考查学生应用随机变量分布列、数学期望和方差等统计知识进行数据分析解决实际问题的能力.

1.3 关注数学本质，综合考查数学思想

对概念的理解、对思想方法的把握、对理性思维的感悟、对探究精神的追求等数学本质的考查，一直是北京高考试题的风格.

数学思想方法是数学知识的精髓，是知识转化为能力的桥梁. 2017 年的试题继续重视数学学科本质和数学思想的考查，并将多样的数学思想方法置于"平凡"的数学问题之中. 例如，文理第 13 题是一道开放型试题，要求学生能通过构造反例证明一个假命题，考查学生是否有批判质疑的科学态度；文科第 9 题和理科第

12 题要求对三角函数的概念有本质理解，而不是死套公式；借助理科第 11、14 题考查数形结合、转化与划归思想；借助文科第 19、20 题，理科第 18、19、20 题综合考查函数与方程、转化与化归、分类讨论思想……无不倾注着命题者的良苦用心. 解答时均无高难度的技巧和繁杂的计算，但需要对各部分知识的通法通性有较深刻的感悟，需要考生具备较强的学科能力.

2　试题对教学的导向

高考试题无疑对教学有强烈的导向作用.

2.1　在理解数学本质上下功夫

纵观文理试卷，不难看出，试题不追求特殊技巧，注重通法通性，抑制题海战术，倡导对数学知识本质的理解. 试卷整体上保持较大比例的基础题. 选择题和填空题大多以考查学生对数学基础知识的理解为主，检测学生对高中数学课程标准所要求的相关知识内容的掌握情况. 解答题中文理科第 15、16、18、19 题的第一问等，都是用来考查学生对一些数学核心概念、性质的理解情况的.

试题再次向中学教育传递了以下信息：减少重复训练，跳出题海战术，提高数学能力，才是有价值的数学学习. 高考命题一定要使"大规模、高强度、模式化"的训练得到纠正，要将备考的重点放在理解数学本质、强化数学基本功上.

与此同时，教师自身也要提升对数学的理解和认识，提升对数学教育教学的理解和认识.

2.2　文理试题趋同趋势增大，为高考改革探路

到 2020 年，文理将不再分科. 2017 年的高考试题已经露出端倪，我们看到，作为选择题的压轴题，文理第 8 题已经一致，这是 2017 年的最大改变. 以前理科第 8 题的难度远远高于文科第 8 题的难度. 那么在今后两年的高考中，势必继续趋同，在这样的大背景下，理科考题的难度降低是大势所趋. 但是，作为选拔性考试，必然要有区分度，所以降低难度也是相对而言的.

2.3　数学文化的渗透

教育部 2017 年新修订的《考试大纲（数学）》中新增了数学文化的考查要求. 所以文理第 8 题中选择了传统文化中"围棋"这一符号，并且和对数运算结合起来，一方面从数学的视角欣赏和理解优秀传统文化；另一方面让学生体会到对数运算在"天文数据"的计算中举重若轻的强大魅力.

数学是人类文化的重要组成部分，高考对数学文化的渗透必将开拓广泛的领域，必将成为高考命题的关注点，从而对中学数学教育教学产生巨大影响. 在"发掘中国文化内涵，讲好中国故事""数学教育休现价值观、人生观的正确导向功能""数学教育对理性精神的培养、严谨求实的科学态度的形成具有的作用"等方面有广泛的研究空间.

3　对高考复习的几点宏观思考

3.1　厘清难点，以不变应万变

北京高考试题不以"技巧新颖、思维别致、运算繁杂"来增加难度，难点在于：① 对概念的深度挖掘；② 对陈题的刻意回避；③ 创新试题的命制. 作为选拔性考试，必然要回避考前各地的模拟题，以免产生不公平；必然要有"创新题"，要有创新的设问方式.

比如 2010 年理科第 15 题，已知函数 $f(x)=2\cos^2 x + \sin^2 x - 4\cos x$，① 求 $f\left(\dfrac{\pi}{3}\right)$ 的值；② 求 $f(x)$ 的最大值和最小值. 此题避开了各区模拟考试中通过降幂、倍角，然后逆用两角和与差的正弦公式，化为 $A\sin(\omega x + \varphi)$ 的形式的套路，转而考查三角函数与二次函数的复合函数. 又如 2017 年理科解析几何题，从 2010 年新课标高考以来，一直用直线与椭圆命题，但 2017 年改用直线与抛物线命题.

对于创新试题，多年来文理第 8 题、文理第 14 题、理科第 20 题，作为选择题、填空题、解答题的压轴题，一直是创新的领地，考生因没有固定套路而"难".

但是，万变不离其宗. 注重基础，充分认识基础知识在能力形成过程中的作用，理解知识本质，提高学科能力，以不变应万变，应该是高三复习不变的价值追求.

3.2 高三复习的策略选择

我们看到，北京高考试题虽然降低了绝对难度，但是通过深化概念、规避题型、创新设计等手段，保持了较好的区分度. 如此导向下，每一位教师都应该深刻审视数学课堂教学的着力点，尤其是高三的概念复习课和解题教学课. 对于概念的复习绝不能简单采取"罗列概念—几点注意—例题选讲"的形式，而要重新审视概念的形成过程，强化对概念的本质理解，以问题驱动提升学生对概念的理解层次，在解决问题中获取对概念的感悟与升华；另外，要以结构化、逻辑化的原则构建概念间的联系，因为孤立的知识点不易理解、不易记忆，也不能形成有效的技能. 比如斜率的概念，一方面要深度思考斜率概念的形成过程，深度思考为什么用倾斜角的正切值来定义斜率，而不用正弦值，等等. 另一方面要建立斜率与函数的单调性的联系，斜率与导数的联系，要引导学生搞清楚斜率在物理、化学中有哪些体现. 这样全方位立体化理解、感悟、应用斜率，效果可想而知.

高三的大量课堂时间用于进行解题教学，存在的最大问题是"题型覆盖"和"解法罗列"，这样容易形成模式化、程式化的定式思维. 从心理学的角度看，解题技能是在解题策略的调控支配下实施的，而解题策略是解题者心理活动的产物. 所以，文 1 认为[①]，解题教学与其说是教"解法"，不如说是教"想法". 帮助学生提高策略水平，才是解题教学的根本之道. 要提高解题教学的效率，就应该做到如下几点：① 准确把握学生的思维习惯、认知基础，并以此作为解题策略的生成点；② 教学中要善于引导学生把自己的实践经验适时迁移到解题策略的制定上来；③ 对于超出学生思维习惯、认知基础的解题策略，教师可以启发式讲授，但要深入挖掘其合理性、必要性，力求自然、和谐、水到渠成. 正所谓"教之道在

---

① 连春兴，王芝平. 数学高考北京卷对教学的启示. 数学通报，2010，9

于度，学之道在于悟."

3.3 高考复习中培养学生数学核心素养的认识

随着新一轮课改的逐步实施，"核心素养"已成为深入人心的话题. 高三复习中如何贯彻落实对学生核心素养的培养，是一个较大的课题. 本文只从"认识"的角度谈谈看法.

一方面，要全面准确理解数学核心素养的内涵要义. 修订中的《高中数学课程标准》中提出六大数学核心素养：数学抽象、逻辑推理、数学建模、数学运算、直观想象、数据分析. 其中数学抽象、直观想象是培养学生用数学的眼光观察世界；逻辑推理、数学运算是培养学生用数学的思维思考世界；数学建模、数据分析是培养学生用数学的语言描述世界. 教师要不断加强学习、提高认识，重新审视自己是否理解数学、是否理解数学教学、是否理解高三复习的育人高度和价值追求. 唯有如此，教师才能站得高，看得远，把握好自己的教育教学.

另一方面，数学核心素养是对历次课程标准（或大纲）的传承与发展，是在过去成果的基础上更加全面、精准的表达，是与时俱进的、符合时代要求和符合未来发展需求的. 数学核心素养的培养也应该与过去行之有效的教学方法、手段相衔接，依然不能抛弃传统的有效做法. 我们应该从继承、改革、发展的角度理解、认识、践行核心素养的培养，基础知识、基本技能、基本思想、基本活动经验依然是提升学生数学核心素养的沃土.

评析高考数学试题中的高观点题^①

1 何谓高观点题

高观点题是指与高等数学相联系的数学问题，这样的问题或以高等数学知识为背景，或体现高等数学中常用的数学思想方法和推理方法. 由于高考的选拔功能，这类试题备受命题者青睐，在历届的考题中，出现了不少背景新颖、设问巧妙的高观点题，其成为高考试题中的一道靓丽风景.

2 高观点题评析

2.1 语言叙述高观点

例 1 （1989 年，全国）设 $f(x)$ 是定义在区间（$-\infty$，$+\infty$）内的以 2 为周期的函数，对于 $k \in \mathbf{Z}$，用 I_k 表示区间（$2k-1$，$2k+1$]，已知 $x \in I_0$ 时，$f(x)=x^2$.

（1）求 $f(x)$ 在 I_k 上的解析式；

（2）对于自然数 k，求集合 $M_k=\{a|$使方程 $f(x)=ax$ 在 I_k 上有两个不相等的实根$\}$.

例 2（2001 年，全国）已知 i，m，n 是正整数，且 $1<i \leqslant m<n$.

（1）证明：$n^i \mathrm{P}_m^i < m^i \mathrm{P}_n^i$；

（2）证明：$(1+m)^n > (1+n)^m$.

评析：此两题的设问方式，尤其是符号语言的使用，颇具高等数学特色，有较强的抽象性，要求考生对相关的数学语言有较高层次的理解，能够准确地将抽

① 该文发表于《数学通报》2002，8.

象的数学符号翻译成自己熟悉的数学语言.

对于例 1，（1）的答案为 $f(x)=(x-2k)^2$.

解答 （2）时要求考生能够正确地做出如下转化：求方程 $(x-2k)^2=ax$ 在 $(2k-1, 2k+1]$ 上有两个不等实根时 a 的取值范围，可采用求根法. 但如果考生能够将所解问题化为图形语言，数形结合，则可简便求解（解法略），答案为：$M_k=\left\{a \mid 0<ax \leqslant \dfrac{1}{2k+1}\right\}$.

对于例 2，虽然题目叙述简单干练，但由于几乎全是抽象的符号语言，许多考生感到很不适应，得分率仅为 2.7%，得 0 分者达到 40%，得 2 分者达 30%，得 10 分以上者不足 0.1%，是整份试卷中得分最少的一题[①]. 由于对符号语言的理解出现问题，能力差的考生只好放弃，一下就丢掉 10 多分，能力强的考生就有了充分展示才华的舞台，出现了不少异于"标准答案"的优美解法.

2.2 知识背景高观点

例 3 （1994 年，全国）已知函数 $f(x)=\tan x$，$x \in \left(0, \dfrac{\pi}{2}\right)$，若 $x_1, x_2 \in \left(0, \dfrac{\pi}{2}\right)$ 且 $x_1 \neq x_2$.

证明：$\dfrac{1}{2}[f(x_1)+f(x_2)] > f\left(\dfrac{x_1+x_2}{2}\right)$.

评析：本题主要考查演绎推理和逻辑思维能力. 试题的设计选择了高等数学中函数图像凹凸性的知识背景，其主要知识是二阶导数问题，中学不涉及二阶导数的应用，但从函数的图像可直观表现.

如图 1 所示，函数 $y=f(x)$ 在 $[a, b]$ 上的图像是上凸的，其对应的数量特征是：当 $x_1, x_2 \in [a, b]$ 且 $x_1 \neq x_2$ 时，$\dfrac{1}{2}[f(x_1)+f(x_2)] < f\left(\dfrac{x_1+x_2}{2}\right)$；几何特征是：连接两点 $P(x_1, y_1)$，$Q(x_2, y_2)$ 的线段的中点 M 位于横坐标为 $\dfrac{x_1+x_2}{2}$ 的曲线上 N 点的下方.

如图 2 所示，函数 $y=f(x)$ 在 $[a, b]$ 上的图像是下凹的，其对应的数量特征是：当 $x_1, x_2 \in [a, b]$ 且 $x_1 \neq x_2$ 时，$\dfrac{1}{2}[f(x_1)+f(x_2)] > f\left(\dfrac{x_1+x_2}{2}\right)$；几何特征是：连接两

---

① 宋占杰. 考查素质教育的好指挥棒. 数学通报. 2001.11

点 $P(x_1, y_1)$, $Q(x_2, y_2)$ 的线段的中点 M 位于横坐标为 $\dfrac{x_1+x_2}{2}$ 的曲线上 N 点的上方.

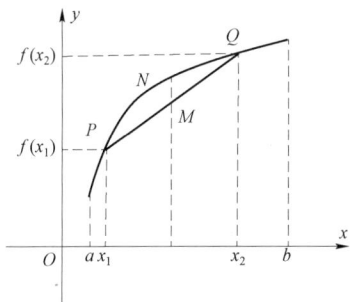
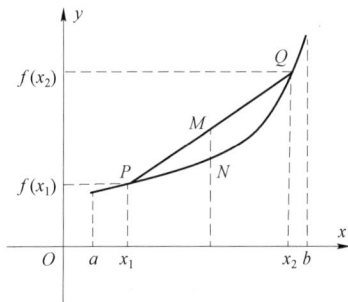

图 1   图 2

　　虽然试题的设计来源于高等数学,但以中学数学中的正切函数和不等式知识为载体,解决问题的方法是中学所学的初等方法. 从考查知识的角度来看,重点突出,方法基本;从考查思维的角度来看,条理自然,思维障碍不大,不失为一道好题.

　　例 4(1994 年,全国)　定义在 **R** 上的任意函数 $f(x)$ 都可以表示为一个奇函数 $g(x)$ 和一个偶函数 $h(x)$ 之和. 如果 $f(x)=\lg(10^x+1)$,$x\in \mathbf{R}$,那么

A. $g(x)=x, h(x)=\lg(10^x+10^{-x}+2)$

B. $g(x)=\dfrac{1}{2}[\lg(10^x+1)+x], h(x)=\dfrac{1}{2}[\lg(10^x+1)-x]$

C. $g(x)=\dfrac{x}{2}, h(x)=\lg(10^x+1)-\dfrac{x}{2}$

D. $g(x)=-\dfrac{x}{2}, h(x)=\lg(10^x+1)+\dfrac{x}{2}$

　　评析:本题的条件直接给出了高等数学的一个命题:定义域关于坐标原点对称的任意函数都可以表示为一个奇函数和一个偶函数的和. 然后给出一个特例. 首先要求考生从阅读理解入手,分析题意,明确解题方向. 在解题过程中也考查了对数函数的概念和性质、奇函数偶函数的概念和性质,要求考生具有一定的运算能力. 本题将阅读理解能力、演绎推理能力、运算能力、分析问题解决问题的能力等集于一体,可充分考查学生的数学素质. 答案为 C.

　　例 5(1993 年,全国)　四人各写一张贺年卡,先集中起来,然后每人从中拿

一张别人送出的贺年卡，则四张贺年卡不同的分配方式有（　　）.

A. 6 种　　　　B. 9 种　　　　C. 11 种　　　　D. 23 种

评析：（1）本题的知识背景是组合数学中的"错排问题". 当元素数较大时，难度是非常大的. 但本题选取四个元素，难度大大降低，中学生完全可以接受，因为仅仅利用加法原理和乘法原理便可解决. 答案为 B.

（2）如果考生具备灵活的转化思想，可以建立如下数学模型：将 1，2，3，4 四个数字填入标号为 1，2，3，4 的四个空格里，要求所填数字不与空格编号相同的填法有多少种？如果这样转化，一一去排列也能很快解决. 本题主要考查数学思维能力，对思维的要求较高，这反映了高观点题特有的魅力.

2.3　推理方式高观点

2.3.1　合情推理闪亮登场

例 6　（2001 年，上海）已知两个圆：$x^2 + y^2 = 1$①与 $x^2 + (y-3)^2 = 1$②，则由式①减去式②可得上述两圆的对称轴方程. 将上述命题在曲线仍为圆的情况下加以推广，即要求得到一个更一般的命题，而已知命题是所推广命题的一个特例. 推广的命题为＿＿＿＿＿＿＿＿.

评析：（1）合情推理包括归纳推理和类比推理. 从推理形式看，归纳是由部分到整体、个别到一般的推理方式，类比是由特殊到特殊的推理方式. 合情推理的结果不一定正确，需要进一步证明，但合情推理是科学发现的常用方法，是创新的基础. 与合情推理相反的是演绎推理，即由一般到特殊的推理. 就数学而言，演绎推理是证明数学结论、建立数学体系的重要思维过程，但数学结论、证明思路的发现，主要依靠合情推理，因此学生既要学会证明，也要学会猜想.

（2）解答本题时，需要注意在两圆半径相等情况下才可以得到对称轴的方程，此处易出错. 答案：$(x-a)^2 + (y-b)^2 = r^2$③与 $(x-c)^2 + (y-d)^2 = r^2$④（$a \neq c$ 或 $b \neq d$）.

2.3.2　代数推理常考常新

对逻辑推理能力的考查始终是高考的核心. 代数推理由于缺乏几何推理的直观图形的依托，能在更高层次上考查考生的逻辑推理能力，而且高等数学中大多是代数推理问题，因此此种推理方式的考查历来备受重视．命题者居高临下，设计了不少观点高、设问新颖的代数推理试题．解答此类问题，需要一定的创新性．现举一例加以浅析．

例 7（1997 年，全国） 设二次函数 $f(x)=ax^2+bx+c$ $(a>0)$，方程 $f(x)-x=0$ 的两根 x_1，x_2，满足 $0<x_1<x_2<\dfrac{1}{a}$．

（1）当 $x\in(0,x_1)$ 时，证明 $x<f(x)<x_1$；

（2）设函数 $f(x)$ 的图像关于直线 $x=x_0$ 对称，证明 $x_0<\dfrac{x_1}{2}$．

解 1：（1）令 $F(x)=f(x)-x$，因为 x_1，x_2 是方程 $f(x)-x=0$ 的两根，所以 $F(x)=a(x-x_1)(x-x_2)$，当 $x\in(0,x_1)$ 时，由于 $x_1<x_2$，得 $(x-x_1)(x-x_2)>0$，又 $a>0$，得 $F(x)=a(x-x_1)(x-x_2)>0$，即 $x<f(x)$．

又 $x_1-f(x)=x_1-[x+F(x)]=F(x)=(x_1-x)-a(x-x_1)(x-x_2)=(x_1-x)[1+a(x-x_2)]$，因为 $0<x_1<x_2<\dfrac{1}{a}$，所以 $x_1-x>0$，$1+a(x-x_2)=(1-ax_2)+ax>0$，即得 $x_1-f(x)>0$，所以 $f(x)<x_1$．

（2）依题意知 $x_0=-\dfrac{b}{2a}$，因为 x_1，x_2 是方程 $ax^2+(b-1)x+c=0$ 的根，根据韦达定理，得 $x_1+x_2=-\dfrac{b-1}{a}$，因为 $x_2-\dfrac{1}{a}<0$，所以 $x_0=-\dfrac{b}{2a}=\dfrac{1}{2}\left(x_1+x_2-\dfrac{1}{a}\right)<\dfrac{x_1}{2}$．

解 2：（分析法）

（1）欲证 $x<f(x)<x_1$，只需证 $0<f(x)-x<x_1-x$，即证 $0<a(x-x_1)(x-x_2)<x_1-x$，因为 $a(x-x_1)>0$，所以只需证 $0<x_2-x<\dfrac{1}{a}$，容易知道此式成立．

（2）欲证 $x_0<\dfrac{x_1}{2}$，只需证 $x_0-\dfrac{x_1}{2}<0$，即证 $-\dfrac{b}{2a}-\left(-\dfrac{b-1}{2a}-\dfrac{x_2}{2}\right)<0$，只需证 $\dfrac{1}{2}\left(x_2-\dfrac{1}{a}\right)<0$，此式成立，所以原结论成立．

评析：（1）众所周知，一般的非线性方程的求解是相当困难的，需要用到迭代法．但由二次函数构成的非线性方程是最简单的，中学阶段涉及较多．命题者站在这样的高度给予命题，把二次函数、二次方程和二次不等式巧妙地结合起来，并用代数推理的方式考查学生的逻辑推理能力，可谓匠心独运．

（2）"三个二次"是中学数学的重要内容，也是对近代数学以及现代数学有着重大影响的内容，因此历来都作为高考数学的意向重点考查内容，其形式年年有变，常考常新.

（3）本题的知识背景和推理方式的观点较高，但落点较低，所用的知识都是二次函数、二次方程和不等式的基础知识，难点在于代数推理方法的构建. 虽然不需要复杂的计算，但需概念清楚，头脑清晰，否则容易引起混乱. 也需要有灵活地运用数学知识和方法分析问题、解决问题的能力，以及较强的逻辑推理能力，可以考查出考生的数学学科素质.

3　几点看法

（1）高观点题的起点高，但落点低. 试题的设计思路来源于高等数学，但解决问题的方法是中学所学的初等数学知识，所以没有任何将高等数学知识引进高考的误导. 考生不必惊慌失措，只要心平气和，坦然面对.

（2）数学符号是数学抽象思维的产物，是数学交流与传播的媒介，是进行数学推理的工具，是数学发展的内部动力. 对数学符号语言的考查，能够衡量一个人的数学抽象能力，所以需要引起足够的重视，在平时的教学中应该注重对学生进行符号语言的阅读、理解、转译、表达、探究、调控能力的培养.

（3）高观点题有利于区分不同层次的考生，命制高观点题必将是高考的常态，应对之法应该是认真构建数学知识网络，不断提高数学学科能力，培养创新意识.

（4）近几年高考命题有两大特点：一是由知识立意转化为能力立意；二是不刻意追求知识的覆盖面，而追求知识网络的交汇点. 高观点题正好可以切中这两点，所以命题者居高临下，匠心独用，所命题目思路灵活，网络交汇性强，解答时需要有优秀的数学素质. 为此我们平时的教学中应该注意以下几点：

① 要改变课堂教学重结论轻过程的做法，对知识形成的来龙去脉要搞清楚，要进行探究性学习，培养学生独立分析问题、判断问题、解决问题的能力.

② 要改变解题教学过分追求模式化、程式化的做法，不能热衷于归纳题型、归纳方法，单纯靠机械训练是事倍功半的.

③ 要改变综合复习中的"题海战术""资料战术""频繁考试战术"，要引导学生自构知识网络，不能使有机的知识的整体在学生头脑中成为"一系列孤立的点"．

只有这样，才能不断发展学生的数学能力，做到以不变应万变．

例谈高考数学对个性品质差异的甄别①

从 2004 年起，《普迪高等学校全国统一考试大纲》中增加了对考生个性品质的要求. 要求考生能以和平的心态参加考试，合理支配考试时间，以实事求是的科学态度解答试题，树立战胜困难的信心，体现锲而不舍的精神. 高考作为选拔性考试，需要甄别考生个体数学品质的差异. 本文谈谈高考数学对个性品质差异的甄别，期望对学生复习备考有所帮助.

1 从语言转化角度甄别个性品质差异

例 1（2003 年，北京）有三个新兴城镇，分别位于 A、B、C 三点处，且 $AB=AC=a$，$BC=2b$，今计划合建一个中心医院，为同时方便三镇，准备建在 BC 垂直平分线上的 P 点处（建立坐标系如图 1 所示）.

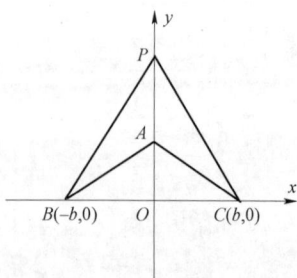

图 1

（1）略；

（2）若希望点 P 到三镇的最远距离为最小，点 P 应位于何处？

分析：对（2）的解答有如下层次：

第一层次：完成题给文字语言向符号语言的转化.

设 $A(0, h)$，$P(0, x)$，其中 $h = \sqrt{a^2 - b^2}$，因为 $|PB| = |PC|$，所以 P 到三镇最远距

---

① 该文发表于《中学数学》2005，4.

离 $f(x)$ 可能是 $|PA|$ 或 $|PB|$，又 $|PA|=|h-x|$，$|PB|=\sqrt{b^2+x^2}$，则

$$f(x)=\begin{cases} \sqrt{b^2+x^2}, & \sqrt{b^2+x^2} \geqslant |h-x|, \\ |h-x|, & \sqrt{b^2+x^2} < |h-x|. \end{cases}$$

第二层次：合理实现符号语言向图形语言的转化.

以上建立了 $f(x)$ 的分段函数，画出该函数的图像，其中第一段为等轴双曲线的上支，第二段为一条折线. 问题即求较大者构成的函数的最小值，重点考虑图中的最低点.

当 $h \geqslant b$，即 $\sqrt{a^2-b^2} \geqslant b$，$a \geqslant \sqrt{2}b$ 时，如图 2 所示，交点 M 为最低点，由

$\sqrt{b^2+x^2}=|h-x|$，得 $x=\dfrac{h^2-b^2}{2h}=\dfrac{a^2-2b^2}{2\sqrt{a^2-b^2}}$，此时 $P\left(0, \dfrac{a^2-2b^2}{2\sqrt{a^2-b^2}}\right)$，即 P 应位于

距 O 点 $\dfrac{a^2-2b^2}{2\sqrt{a^2-b^2}}$ 处.

当 $h < b$，即 $\sqrt{a^2-b^2} < b$，$a < \sqrt{2}b$ 时，如图 3 所示，上顶点 N 为最低点，此时 $x=0$，$P(0, 0)$，即 P 应位于 BC 的中点 O 处.

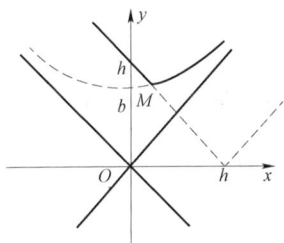

图 2

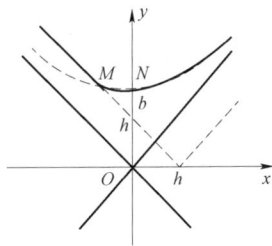

图 3

评注： 本题集中体现了文字语言、符号语言、图形语言的相互转化，在语言转化间可看出考生能否合理利用已得到的信息和合理提取自身储存的知识信息，从而考查出数学品质的个体差异，进而拉开分数档次.

2　从信息迁移角度甄别个性品质差异

例 2　（2004 年，广东）设函数 $f(x)=x-\ln(x+m)$，其中 m 为整数.

（1）当 m 为何值时，$f(x) \geq 0$？

（2）定理：若函数 $g(x)$ 在 $[a, b]$ 上连续，且 $g(a)$ 与 $g(b)$ 异号，则至少存在一点 $x_0 \in (a, b)$，使 $g(x_0)=0$. 试用上述定理证明：当 $m>1$ 时，方程 $f(x)=0$ 在 $[e^{-m}-m,$ $e^{2m}-m]$ 上有两个实根.

解：（1）$f(x)$ 的定义域为 $(-m, +\infty)$，$f'(x)=1-\dfrac{1}{x+m}=\dfrac{x+m-1}{x+m}$.

令 $f'(x)=0$，得 $x=1-m$.

当 $x \in (-m, 1-m)$ 时 $f'(x)<0$，当 $x \in (1-m, +\infty)$ 时 $f'(x)>0$.

所以 $f(x)$ 的最小值为 $f(1-m)=1-m$，由 $1-m \geq 0$，得 $m \leq 1$，故当整数 $m \leq 1$ 时，$f(x) \geq 0$.

（2）当 $m>1$ 时，$f(1-m)=1-m<0$，$f(e^{-m}-m)=e^{-m}-m-\ln(e^{-m}-m+m)=e^{-m}>0$，且 $f(x)$ 在区间 $[e^{-m}-m, 1-m]$ 上是连续的减函数.

所以，存在唯一的 $x_1 \in (e^{-m}-m, 1-m)$ 使 $f(x_1)=0$.

当 $m>1$ 时，$f(e^{2m}-m)=e^{2m}-3m>(1+1)^{2m}-3m=(3+1)^m-3m=3^m C_m^1 3^{m-1}+\cdots+C_m^{m-1}3+1-3m>0$，且 $f'(x)$ 在 $[1-m, e^{2m}-m]$ 上是连续的增函数.

所以，存在唯一的 $x_2 \in (1-m, e^{2m}-m)$ 使 $f(x_2)=0$.

故当 $m>1$ 时，方程 $f(x)=0$ 在 $[e^{-m}-m, e^{2m}-m]$ 上有两个实根.

评注： 本题给出高等数学中的零点存在定理，考生能否尽快接收新的信息，并及时消化、吸收、利用成为可否顺利解题的关键. 有的考生对新信息茫然无措；有的考生能读得懂新定理，但不知如何应用；而有的考生读得懂，能理解，会应用. 试题从考生对新信息的获取、加工、迁移、应用几个层次考查个性品质，从而看出考生在继续学习上的潜能差异.

3　从应变能力角度甄别个性品质差异

试题将常规知识巧妙地设置于新的背景之中，从应变能力的快与慢、强与弱中考查考生的个性品质.

例3（2004 年，浙江）如图 4 所示，$\triangle OBC$ 的三个顶点坐标分别为 $O(0,0)$,

$B(1,0), C(0,2)$，设 P_1 为线段 BC 的中点，P_2 为线段 CO 的中点，P_3 为线段 OP_1 的中点，对于每一个正整数 n，P_{n+3} 为线段 $P_n P_{n+1}$ 的中点，令 P_n 的坐标为 (x_n, y_n)，$a_n = \dfrac{1}{2} y_n + y_{n+1} + y_{n+2}$.

（Ⅰ）求 a_1，a_2，a_3 及 a_n；

（Ⅱ）证明：$y_{n+1} = 1 - \dfrac{1}{4} y_n$，$n \in \mathbf{N}_+$；

（Ⅲ）若记 $b_n = y_{4n+4} - y_{4n}$，$n \in \mathbf{N}_+$，证明：$\{b_n\}$ 是等比数列.

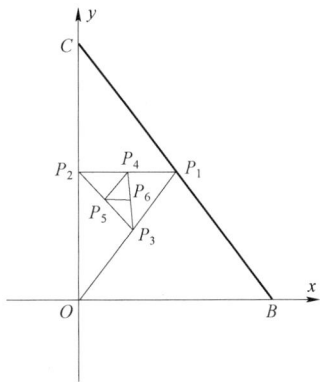

图 4

解：（Ⅰ）因为 $y_1 = y_2 = y_4 = 1$，$y_3 = \dfrac{1}{2}$，$y_5 = \dfrac{3}{4}$，所以 $a_1 = a_2 = a_3 = 2$，又由题意可得 $y_{n+3} = \dfrac{1}{2} (y_n + y_{n+1})$，所以，$a_{n+1} = \dfrac{1}{2} y_{n+1} + y_{n+2} + y_{n+3} = \dfrac{1}{2} y_{n+1} + y_{n+2} + \dfrac{1}{2} (y_n + y_{n+1}) = \dfrac{1}{2} y_n + y_{n+1} + y_{n+2} = a_n$.

所以，数列 $\{a_n\}$ 为常数列，$a_n = a_1 = 2 \ (n \in \mathbf{N}_+)$.

（Ⅱ）证明：将等式 $\dfrac{1}{2} y_n + y_{n+1} + y_{n+2} = 2$ 两边同除以 2 得 $\dfrac{1}{4} y_n + \dfrac{1}{2} (y_{n+1} + y_{n+2}) = 1$，所以 $y_{n+4} = \dfrac{1}{2} (y_{n+1} + y_{n+2})$，所以 $y_{n+4} = 1 - \dfrac{1}{4} y_n$.

（Ⅲ）证明：因为 $b_{n+1} = y_{4n+8} - y_{4n+4} = \left(1 - \dfrac{1}{4} y_{4n+4}\right) - \left(1 - \dfrac{1}{4} y_{4n}\right) = \dfrac{1}{4} (y_{4n+4} - y_{4n}) = \dfrac{1}{4} b_n$，又因为 $b_1 = y_8 - y_4 = -\dfrac{1}{4} \neq 0$，所以数列 $\{b_n\}$ 是公比为 $-\dfrac{1}{4}$ 的等比数列.

评注：从解题过程不难看出，所用的都是常规性的知识和常规性的变形技能，但考生能否及时适应新的图形背景，能否将原有知识及时用于新的环境之中便因人而异了.

4 从合情推理角度甄别个性品质差异

例 4（2003 年，全国）在平面几何里，有勾股定理：设 $\triangle ABC$ 的两边 AB、AC 互相垂直，则有 $AB^2 + AC^2 = BC^2$；拓展到空间，研究三棱锥的侧面积与底面积间的关系，可以得到的结论是："设三棱锥 $A-BCD$ 的三个侧面 ABC、ACD、ADB 两两垂直，则_____.

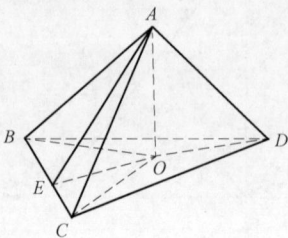

图 5

分析：如图 5 所示，由三个侧面两两垂直可得三条侧棱两两垂直，则 $AD\perp$ 平面 ABC，所以 $AD\perp BC$，作 $AO\perp$ 平面 BCD，垂足是 O，连接 DO，交 BC 于 E，连接 AE，由三垂线定理得 $DE\perp BC$，$AE\perp BC$. 在 Rt$\triangle ADE$ 中，根据射影定理得：$AE^2=OE\cdot DE$，进而可得：$S_{\triangle ABC}^2=S_{\triangle BCO}\times S_{\triangle BCD}$.

同理，$S_{\triangle ACD}^2=S_{\triangle CDO}\times S_{\triangle BCD}$，$S_{\triangle ABD}^2=S_{\triangle BDO}\times S_{\triangle BCD}$.

三式相加即得结论.

评注：类比是合情推理的一种方式，是科学发现的重要思维方法. 高考作为选拔性考试，一方面肩负着为社会挑选后备科技力量和创新型人才的重任，需要对考生的个体创新能力给以甄别；另一方面需要对学生在学习过程中产生的丰富多彩的创新表现给以合理评价，这就使这种以人为本的命题思想自然地成为命题的一个热点.

5 从理性思维角度甄别个性品质差异

高考数学对思维能力的要求，以理性思维为核心. 理性思维具有理论性、抽象性、严密性等特点，是数学能力的重要组成部分，其能力的高低直接决定着学生个体的发展潜力.

例 5（2004 年，北京）$f(x)$ 是定义在 $[0,1]$ 上的增函数，满足 $f(x)=2f\left(\dfrac{x}{2}\right)$ 且 $f(1)=1$，在每个区间 $\left(\dfrac{1}{2^i},\dfrac{1}{2^{i-1}}\right]$ 上 $(i=1,2,\cdots)$，$y=f(x)$ 的图像都是斜率为同一常数 k 的直线的一部分.

（Ⅰ）求 $f(0)$ 及 $f\left(\dfrac{1}{2}\right)$，$f\left(\dfrac{1}{4}\right)$ 的值，并归纳 $f\left(\dfrac{1}{2^i}\right)$ $(i=1,2,\cdots)$ 的表达式；

（Ⅱ）设直线 $x=\dfrac{1}{2^i}$，$x=\dfrac{1}{2^{i-1}}$，x 轴及 $y=f(x)$ 的图像围成的梯形面积为

$a_i(i=1, 2, \cdots)$，记 $S(k)=\lim\limits_{n\to\infty}(a_1+a_2+\cdots+a_n)$，求 $S(k)$ 的表达式，并写出其定义域和最小值.

解：（Ⅰ）由 $f(0)=2f(0)$，得 $f(0)=0$；由 $f(1)=2f\left(\dfrac{1}{2}\right)$ 及 $f(1)=1$ 得

$$f\left(\frac{1}{2}\right)=\frac{1}{2}\,f(1)=\frac{1}{2}.$$

同理，$f\left(\dfrac{1}{2}\right)=\dfrac{1}{2}\,f\left(\dfrac{1}{2}\right)=\dfrac{1}{4}$，归纳得 $f\left(\dfrac{1}{2^i}\right)=\dfrac{1}{2^i}$ $(i=1, 2, \cdots)$.

（Ⅱ）当 $\dfrac{1}{2^i}<x\leqslant\dfrac{1}{2^{i-1}}$ 时，$f(x)=\dfrac{1}{2^{i-1}}+k\left(x-\dfrac{1}{2^{i-1}}\right)$.

$$a_i=\frac{1}{2}\left[\frac{1}{2^{i-1}}+\frac{1}{2^{i-1}}+k\left(\frac{1}{2^i}-\frac{1}{2^{i-1}}\right)\right]\left(\frac{1}{2^{i-1}}-\frac{1}{2^i}\right)=\left(1-\frac{k}{4}\right)\frac{1}{2^{2i-1}}\ (i=1, 2, \cdots).$$

所以 $\{a_n\}$ 是首项为 $\dfrac{1}{2}\left(1-\dfrac{k}{4}\right)$，公比为 $\dfrac{1}{4}$ 的等比数列，所以 $S(k)=$

$$\lim\limits_{n\to\infty}(a_1+a_2+\cdots+a_n)=\frac{\dfrac{1}{2}\left(1-\dfrac{k}{4}\right)}{1-\dfrac{1}{4}}=\frac{2}{3}\left(1-\frac{k}{4}\right).$$

$S(k)$ 的定义域为 $0<k\leqslant1$，当 $k=1$ 时取得最小值 $\dfrac{1}{2}$.

评注：本题的实质仍是抽象函数问题，试题未涉及更多的知识点，也未在代数变形技巧上设"坎"，但"符号化"更显抽象性，考生若不具备较强的理性思维能力，不能"数学地"思考问题，则很难顺利解答此题. 命题者站在学科整体高度和思维价值的高度考虑问题，设计试题，从而考查出考生个体理性思维的深度和广度，以及其进一步学习的潜能.

例谈高考数学对一般能力的考查[①]

1   何谓一般能力

按照心理学比较一致的看法，能力可以区分为一般能力和特殊能力. 一般能力即一般心理能力，是指顺利完成各项活动所必备的基本心理能力，如注意力、记忆力、观察力、想象力、思维力. 特殊能力是指顺利完成某种特殊活动所必备的能力. "各种学科能力都是特殊能力，是在学科学习和应用的认知活动中表现出来的一种能力，许多时候被人称为技能和技术，与学科知识密不可分. 一般能力是各种各样认知活动中表现出来的带有普遍性的能力，大体上说，也就是觉醒和注意、信息加工、自我控制的能力."[②]

"在高考中，一般能力在学科的表现和考查主要有：记忆、识别学科的基本知识；正确理解各种概念、原理和规律；应用基本理论解决实际问题；应用学科术语条理清楚、逻辑严密地表述." 课改后的高考试卷以能力立意命题，其中之一为："以数学内容为基点，以基本的推理能力和思维要求为立足点，突出考查学生一般能力的表现，测量学生的学习能力."[③]本文通过解读部分高考试题，探索数学高考试题如何体现对一般能力的考查，以其抛砖引玉.

①　本文发表于《中学数学》2013，4.

②　教育部考试中心，《高考数学测量研究与实践》，高等教育出版社，2001 版.

③　任子朝，能力立意命题的理论与实践，《数学通报》，2008，1.

2 高考数学对一般能力的考查例举

2.1 从数学语言转化能力中考查一般能力

例 1（2012 年北京卷理科 14） 已知 $f(x) = m(x-2m)(x+m+3)$，$g(x) = 2^x - 2$，若同时满足条件：① $\forall x \in \mathbf{R}$，$f(x) < 0$ 或 $g(x) < 0$；② $\exists x \in (-\infty, -4)$，$f(x)g(x) < 0$，则 m 的取值范围是_____.

本题仅有几个汉字和一些数学符号语言，题干简练，但内涵丰富. 试题基于教材，又高于教材；基于考生的基础知识和基本技能，又是知识和能力的延续和提高. 考生需要进行符号语言、文字语言、图形语言的理解、转译、感悟和应用.

在考生从题给符号语言等价转化为可供理解的文字语言，然后等价转化为图形语言（此时加深了对问题的理解）的过程中，有两种不同的思维层次. 其一是各个击破：分别求出满足条件①②的 m 的范围，然后取交集，但费时费力. 其二是综合考虑：同时满足条件①②，当且仅当

$$
\begin{cases}
m < 0, \\
f(1) < 0, \quad \text{解得：} \quad -4 < m < -2. \\
f(-4) > 0.
\end{cases}
$$

由此可见，对于不同思维层次、不同知识积淀、不同方法感悟的考生有不同的考查效果. 在语言转化间可以看出考生能否合理识别学科的基础知识，合理提取自身储存的知识，合理利用已得到的信息解决问题，从而考查出考生一般能力的个体差异.

2.2 从学习新知识的能力中考查一般能力

试题提供给考生从未接触过的新信息，如新定义、新公式、新符号、新法则、新定理等，要求考生通过阅读理解，获取新知识，并进行加工、迁移、应用. 这是一种学会学习的能力，可以看出考生进一步学习的潜能.

例 2 （2012 年北京文科 20）设 A 是如下形式的 2 行 3 列的数表：

a	b	c
d	e	f

满足性质 P：a，b，c，d，e，$f \in [-1, 1]$，且 $a+b+c+d+e+f=0$.

记 $r_i(A)$ 为 A 的第 i 行各数之和 $(i = 1, 2)$，$c_j(A)$ 为 A 的第 j 列各数之和 $(j = 1, 2, 3)$；记 $k(A)$ 为 $|r_1(A)|$，$|r_2(A)|$，$|c_1(A)|$，$|c_2(A)|$，$|c_3(A)|$ 中的最小值.

（Ⅰ）对如下数表 A，求 $k(A)$ 的值；

1	1	-0.8
0.1	0.3	-1

（Ⅱ）设数表 A 形如

1	1	$-1-2d$
d	d	-1

其中，$-1 \leq d \leq 0$. 求 $k(A)$ 的最大值；

（Ⅲ）对所有满足性质 P 的 2 行 3 列的数表 A，求 $k(A)$ 的最大值.

本题需要考生接收新信息，并进行消化、吸收、利用. 由于没有现成的模式可套用，考生只能以问题解决的态度来创新解答，需要在已有的基本知识、基本技能、基本思想的基础上，自己去研究试题所提供的新素材，分析试题所创设的新情境，解决试题所确立的新问题. 以此考查考生的一般能力要素. 未来社会对公民的学习要求不是学会，而是会学，在这个意义上，会学比学会更重要.

2.3　从应变能力中考查一般能力

试题将常规知识巧妙地设置于新的背景之中，从考生对新环境的应变能力中考查一般能力.

例 3（2012 年上海理科 14）如图 1 所示，AD 与 BC 是四面体 $ABCD$ 中互相垂直的棱，$BC=2$，若 $AD=2c$，且 $AB+BD=AC+CD=2a$，其中 a、c 为常数，则四面体 $ABCD$ 的体积的最大值是_____.

解析: 由条件易知,B、C 分别在以 A、D 为焦点的椭圆上,此时 B 点到直线 AD 的最大距离是其短半轴的长. 取 AD 的中点 M,且 $BM \perp AD$ 时,可得到四面体 $ABCD$ 的体积的最大值是 $\dfrac{2}{3}c\sqrt{a^2 - c^2 - 1}$.

本题通过解析几何与立体几何的巧妙结合,创设了一个新的情境. 需要考生具备与之相适应的应变能力,善于观察与联系,不慌不乱,沉着应答.

例 4 (2007 北京理科 19)如图 2 所示,有一块半椭圆形钢板,其长半轴长为 $2r$,短半轴长为 r,计划将此钢板切割成等腰梯形的形状,下底 AB 是半椭圆的短轴,上底 CD 的端点在椭圆上,记 $CD = 2x$,梯形面积为 S.

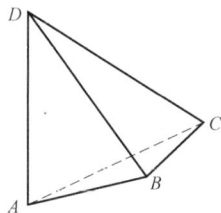

图 1

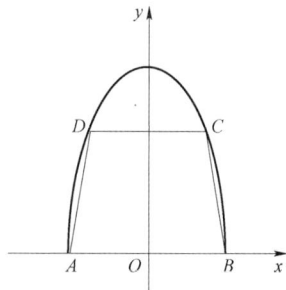

图 2

(Ⅰ)求面积 S 以 x 为自变量的函数式,并写出其定义域;

(Ⅱ)求面积 S 的最大值.

解析:(Ⅰ)以 AB 的中点 O 为坐标原点建立直角坐标系 $O-xy$(见图 2),则点 C 的横坐标为 x. 点 C 的纵坐标 y 满足方程 $\dfrac{x^2}{r^2} + \dfrac{y^2}{4r^2} = 1(y \geqslant 0)$,解得 $y = 2\sqrt{r^2 - x^2}$ $(0 < x < r)$.

所以 $S = \dfrac{1}{2}(2x + 2r) \cdot 2\sqrt{r^2 - x^2} = 2(x + r) \cdot \sqrt{r^2 - x^2}$,其定义域为 $\{x | 0 < x < r\}$.

(Ⅱ)记 $f(x) = 4(x + r)^2(r^2 - x^2), 0 < x < r$,利用导数可解得 S 的最大值为 $\dfrac{3\sqrt{3}}{2}r^2$.

本题创设了实际应用背景,将常规的椭圆、函数、导数等知识置于其中,并以最值问题为载体. 试题不刻意追求知识的深度,而是着眼于在新背景下的知识联系.

两道考题都没有在知识的深度和技能技巧上作文章,更无人为编制难点的痕迹. 所用到的知识都是基本概念和基本方法. 可见,面对新环境,考生能否从容应对,是考查一般能力的有效方法之一.

随着全球化进程的不断加快,一个人的工作环境会经常变化,面对新的环境,能否适应,是一个人立足社会的本领,试题充分关注考生对未来社会的适应能力,为适应不断变化的新时代打下潜在的基础.

2.4 从直觉思维中考查一般能力

逻辑思维与直觉思维是两种最基本的思维形式. 逻辑思维在数学中占据主导地位,而直觉思维又是思维中最活跃、最积极、最具创造性的成分. 直觉思维为演绎思维提供动力并指示方向,逻辑思维则对直觉思维做出检验与反馈,二者互为补充. 因此高考命题中,会不失时机地对直觉思维加以考查,从中可以甄别考生一般能力的高低.

例5 (2006 年全国卷)用长度分别为 2、3、4、5、6(单位:cm)的 5 根细木棍围成一个三角形(允许连接,但不允许折断),能够得到的三角形的最大面积为( ).

A. $8\sqrt{5}$ cm^2 B. $6\sqrt{10}$ cm^2 C. $3\sqrt{55}$ cm^2 D. 20 cm^2

解析:本题对数学思维的考查有着明显的个性特征. 如果从定量的角度,按照不同情况分别计算,显然费时费力. 但从定性的角度,由变化趋势入手,凭直觉可以进行这样的猜测与分析:此三角形的周长是定值 20,当其高或底趋向于零时其形状趋向于一条直线,其面积趋向于零. 只有当三角形的形状趋向于最"饱满"时也就是形状接近于正三角形时面积最大,故三边长应该为 7、7、6,因此易计算得到最大面积为 $6\sqrt{10}$ cm^2,选 B.

又如,(2007 年海南、宁夏卷)甲、乙、丙三名射箭运动员在某次测试中各射箭 20 次,三人测试成绩如下表:

甲的成绩			
环数	7	8	9	10
频数	5	5	5	5

乙的成绩			
环数	7	8	9	10
频数	6	4	4	6

丙的成绩			
环数	7	8	9	10
频数	4	6	6	4

S_1、S_2、S_3 分别表示三名运动员这次测试成绩的标准差，则有（　　）.

　　A. $S_3 > S_1 > S_2$　　B. $S_2 > S_1 > S_3$　　　　　C. $S_1 > S_2 > S_3$　　　D. $S_2 > S_3 > S_1$

　　我们可以用公式直接算出结果来，但是显然会花费较多时间. 注意到三人的平均环数相等，均为 8.5 环，凭直觉可以估计到：离平均值比较近的数据越多，方差（标准差）会越小. 所以选 B.

　　不难看出，不同思维方式的考生有不同的解题效果. 直觉思维能力较强的考生能够很快抓住问题的实质，通过猜测、分析与判断，获得解决问题的最优化的策略与方法，从而从思维价值的高度甄别出考生个性思维的深度和广度，以及进一步学习的潜能.

3　结束语

　　高考数学命题以"能力立意"为指导思想，更加注重考查考生继续学习的潜能和基础文化素质以及创新意识. 以学科知识为材料，考查考生能力结构中的一般能力因素的试题层出不穷. 试题的解答不需要高深的数学知识和高难度的变形技巧，而需要有较强的在新情境下解决问题的能力，需要一定的创新意识.

　　近几年来，高考数学试题的总体难度有所降低. 在此前提下，区分度主要靠解题的正确率和一般能力的考查来实现. 一般能力是不能靠大运动量的机械操练得到的，因此我们认为，体验学习过程，理解数学本质，提高数学素质，学会数学地思考问题，才是有意义的教与学. 所以高三阶段应该加强研究型复习，并使研究的立足点源于教材或基础知识、基本技能，研究的过程基于学生已有的知识结构，研究的落脚点体现能力的迁移，提高学生的一般能力.

理解数学本质，强化学科能力①
——我最欣赏的一道高考题

2008 年北京高考第 8 题:

如图，动点 P 在正方体 $ABCD - A_1B_1C_1D_1$ 的对角线 BD_1 上. 过点 P 作垂直于平面 BB_1D_1D 的直线，与正方体表面相交于 M、N. 设 $BP = x$，$MN = y$，则函数 $y = f(x)$ 的图像大致是（　　）.

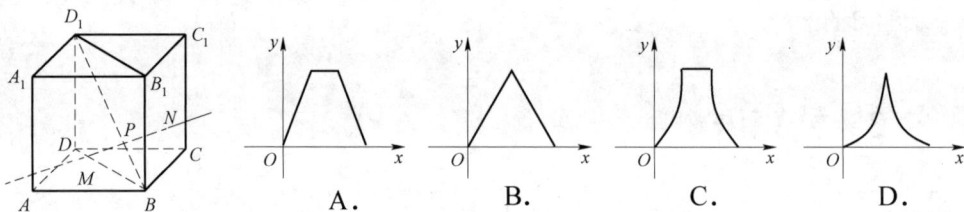

A.　　　B.　　　C.　　　D.

1　试题解答

法一：定性分析法

容易证明，当 M、N 分别是 AA_1、CC_1 的中点时，满足条件，此时 MN 最大，且最大值点是唯一的，由此可排除 A、C；设 E 是 CC_1 的中点，由图形的对称性知，N 点在面 BCC_1B_1 内的轨迹为 BE，故 $\angle PBN$ 为定值，所以图像是直线形的，故选 B.

法二：定量分析法

先求出函数的表达式（解法多种，本文只给出一种）:

① 本文发表于《中学数学教学参考》2008，12.

设正方体的棱长为 2，则 $BD_1=2\sqrt{3}$．同法一，E 是 CC_1 的中点，可得 $\tan\angle PBE=\dfrac{\sqrt{6}}{3}$．

当 $0\leqslant x\leqslant\sqrt{3}$ 时，$y=2x\tan\angle PBE=\dfrac{2\sqrt{6}}{3}x$；

当 $\sqrt{3}\leqslant x\leqslant 2\sqrt{3}$ 时，$y=2（2\sqrt{3}-x）\tan\angle PBF=\dfrac{2\sqrt{6}}{3}（2\sqrt{3}-x）$．

所以，$y=\begin{cases}\dfrac{2\sqrt{6}}{3}x,(0\leqslant x\leqslant\sqrt{3}),\\[2mm]\dfrac{2\sqrt{6}}{3}(2\sqrt{3}-x),(\sqrt{3}<x\leqslant 2\sqrt{3}).\end{cases}$　　　　故选 B.

2 试题简评

本题将立体几何和函数两大支撑学科体系的主干知识巧妙地融合到一起，题干简练，内涵丰富．有效地考查了：① 考生对函数的概念、图像、性质的深层次理解；② 空间线面关系和空间想象能力；③ 对学科知识的综合驾驭能力和新课标中所创导的辩证思维能力．

此题新颖而不离基础，是一道意料之外、情理之中的创新题，为题海战术所不能及．解答此题无须高难度的技能技巧和繁杂的计算，但需对知识和思想方法的融会贯通，考生需要调取知识储备中最有效的东西，要有较强的学科综合能力，不少考生正是缺乏这种能力，而使该题"难"了起来．

3 试题的价值

3.1 选拔功能

考后笔者就此题从入题的思维过程和解题方法两个方面，对部分学生做了访谈，他（她）们的感受各不相同：有的很快就可以入题求解，有的"乍一看觉得可能很难，但仔细思考其实不然"，也有的学生思考和求解的过程较长，以致影响到后续答题. 解答正确者在求解方法的选择上大致也是以上两种.

不难看出, 不同思维层次的考生有不同的解题效果. 试题从入题的思维长度和解题方法的选择两方面区分不同层次的考生, 从而从思维价值的高度考查出考生个体理性思维的深度和广度, 以及进一步学习的潜能. 所以选拔功能较强.

3.2　教学价值

教学是一门艺术, 而数学教学是追求思维价值的艺术. 本题的出现, 无疑为平时的教学起到良好的导向作用. 在 2009 届高三函数的综合复习中, 笔者选用此题为例, 学生兴趣浓厚, 思维积极, 对综合驾驭函数知识有了更深层次的感悟和把握. 更为重要的是, 他们对"重视概念的深入挖掘, 充分关注知识的形成过程"的必要性, 有了切身的体会, 这影响着学生在后续复习中的态度和数学价值观, 对只重视参考资料, 不重视教科书的复习观有了明显改观.

3.3　备考启示

研究表明: 孤立的知识点不能形成有效的知识, 只有建构成知识网络才是最有效的知识. 备考复习应该在形成基础知识和基本技能的基础上, 加强知识的横向联系, 形成条理化、网络化的认知结构, 深化对数学本质的理解, 提高灵活分析问题解决问题的能力, 深化学科能力.

在新课标的背景下, 高考命题一定要将"大规模、高强度、模式化的演练得到纠正", 而要将备考复习的重点放到理解数学本质、强化数学基本功上. 本题的导向作用不可低估.

在教学中要避免追求模式化、程式化训练, 使学生 (尤其是优秀学生) 突破思维定式, 做好应对创新题的心理和行动上的准备.

考查创新意识的三种题型①

《普通高等学校全国统一考试大纲（数学）》中的能力要求部分，专门列出"创新意识"一项，并做如下解释：对新颖的信息、情境和设问，选择有效的方法和手段收集信息，综合与灵活地应用所学数学知识、思想和方法，进行独立思考、探索和研究，提出解决问题的思路，创造性地解决问题. 本文从"新信息""新情境""新设问"三个角度加以例析，期望对考生有所帮助.

1　新信息题

要求考生合理提取题给信息，并和自身储存的知识信息进行加工、组合，考查考生自己探索解题途径、解决问题的能力.

例1　（2001年上海高考题）定义：若函数 $f(x)$ 对于其定义域内的某一点 x_0，有 $f(x_0)=x_0$，则称 x_0 是 $f(x)$ 的一个不动点. 已知函数 $f(x)=ax^2+(b+1)x+(b-1)$ $(a\neq0)$.

（1）当 $a=1$，$b=-2$ 时，求函数 $f(x)$ 的不动点；

（2）若对于任意的实数 b，函数 $f(x)$ 恒有两个不动点，求 a 的取值范围；

（3）在（2）的条件下，若 $y=f(x)$ 图像上两个点 A、B 的横坐标是函数 $f(x)$ 的不动点，且 A、B 两点关于直线 $y=kx+\dfrac{1}{2a^2+1}$ 对称，求 b 的最小值.

解：（1）$f(x)=x^2-x-3$，由 $x^2-x-3=x$，得 $x=3$ 或 $x=-1$，所以所求不动点为3或 -1.

---

① 该文发表于《中学生数理化》高中版，2005，5.

（2）令 $ax^2+(b+1)x+(b-1)=x$，即 $ax^2+bx+(b-1)=0$.①

由题意，该方程恒有两个不等实根，所以 $\Delta=b^2-4a(b-1)>0$，即 $b^2-4ab+4a>0$ 恒成立，故 $\Delta_1=16a^2-16a<0$，解得 $0<a<1$.

（3）设 $A(x_1,x_1),B(x_2,x_2),(x_1\neq x_2)$，则 $k_{AB}=1$，故 $k=-1$，所以 $y=-x+\dfrac{1}{2a^2+1}$. 又 AB 的中点在该直线上，所以 $\dfrac{x_1+x_2}{2}=-\dfrac{x_1+x_2}{2}+\dfrac{1}{2a^2+1}$，解得 $x_1+x_2=\dfrac{1}{2a^2+1}$.

而 x_1，x_2 是方程①的两个根，$x_1+x_2=-\dfrac{b}{a}$，所以 $-\dfrac{b}{a}=\dfrac{1}{2a^2+1}$，于是

$$b=-\dfrac{a}{2a^2+1}=-\dfrac{1}{2a+\dfrac{1}{a}}\geqslant-\dfrac{1}{2\sqrt{2}}=-\dfrac{\sqrt{2}}{4}.$$

当 $2a=\dfrac{1}{a}$，即 $a=\dfrac{\sqrt{2}}{2}$ 时取等号，b 的最小值为 $-\dfrac{\sqrt{2}}{4}$.

例2　以符号 $\max\{x\}$ 表示数集 $\{x\}$ 中的最大值. 设函数 $f(x)$，$g(x)$ 在区间 (a,b) 内单调递增，定义函数 $h(x)=\max\{f(x),g(x)\}$，求证：$h(x)$ 在区间 (a,b) 内也单调递增.

解： 任取 x_1，$x_2\in(a,b)$，且 $x_1<x_2$，因为 $f(x)$，$g(x)$ 在区间 (a,b) 内单调递增，所以 $f(x_1)<f(x_2),g(x_1)<g(x_2)$. 下面比较 $h(x_1)$，$h(x_2)$ 的大小. 不妨设 $h(x_1)=\max\{f(x_1),g(x_1)\}=f(x_1)$.

（1）若 $h(x_2)=\max\{f(x_2),g(x_2)\}=f(x_2)$，则 $h(x_1)<h(x_2)$；

（2）若 $h(x_2)=\max\{f(x_2),g(x_2)\}=g(x_2)$，则 $h(x_2)>g(x_2)>f(x_2)>f(x_1)=h(x_1)$.

所以 $h(x)$ 在区间 (a,b) 内也单调递增.

评注： 两题给出考生从未接触过的新定义，考生能否尽快接收新的信息，并及时消化、吸收、利用成为可否顺利解题的关键.

２　新情境题

试题将常规知识巧妙地设置于新的背景之中，以此考查考生将知识迁移到不同情境中去的能力.

例3 （2004 年重庆高考题）若三棱锥 $A-BCD$ 的侧面 ABC 内一动点 P 到底面 BCD 的距离与到棱 AB 的距离相等，则动点 P 的轨迹与 $\triangle ABC$ 组成的图形可能是（　　）．

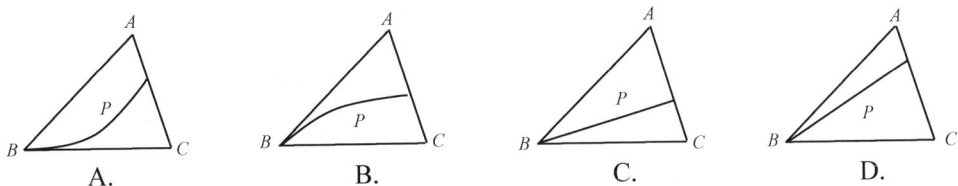

解： 如图 1 所示，作 $PH\perp$ 平面 BCD 于 H，$PE\perp AB$ 于 E，$PF\perp BC$ 于 F，易知 $\angle PFH$ 是平面 ABC 与平面 BCD 所成的角，设为 α（定值），$PE=PH=PF\sin\alpha$，所以 P 的轨迹是直线，又 $PE<PF$，所以 P 的轨迹应在 $\angle ABC$ 的平分线的上方，故选 D．

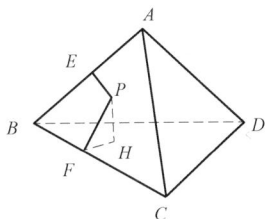

图 1

评注： 本题在立体几何背景下探求平面轨迹问题，考生能否将原有知识及时迁移到新的图形背景之中是可否解题的关键．

3　新设问题

以多元化、多途径、开放式的设问方式，测量考生观察、试验、联想、猜测、归纳、类比、推广等思维活动水平．

例4（2004 年上海春考题）　如图 2 所示，P 为斜三棱柱 $ABC-A_1B_1C_1$ 的侧棱 BB_1 上一点，$PM\perp BB_1$ 交 AA_1 于点 M，$PN\perp BB_1$ 交 CC_1 于点 N．

（1）求证：$CC_1\perp MN$；

（2）在任意 $\triangle DEF$ 中有余弦定理：$DE^2=DF^2+EF^2-2DF\cdot EF\cos\angle DFE$．拓展到空间，类比三角形的余弦定理，写出斜三棱柱的三个侧面面积与其中的两个侧面所成的二面角之间的关系式，并予以证明．

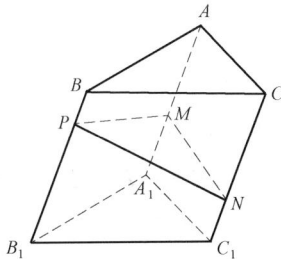

图 2

解略： 答案为 $S^2_{ABB_1A_1}=S^2_{BCC_1B_1}+S^2_{ACC_1A_1}-2\times S_{BCC_1B_1}\times S_{ACC_1A_1}\times\cos\alpha$．

（其中，α 为二面角 $A-CC_1-B$ 的大小.）

评注：类比是科学发现的重要思维方法. 本题中给出考生已知的命题，要求将其类比推广，进而甄别考生个体创新能力的差异.

例5（2004 年江苏高考题）　设无穷等差数列 $\{a_n\}$ 的前 n 项和为 S_n.

（1）若首项 $a_1=\dfrac{3}{2}$，公差 $d=1$，求满足 $S_{k^2}=(S_k)^2$ 的正整数 k；

（2）求所有的无穷等差数列 $\{a_n\}$，使对于一切正整数 k 都有 $S_{k^2}=(S_k)^2$ 成立.

解：（1）由 $S_{k^2}=(S_k)^2$，结合前 n 项和的公式可直接得出 $k=4$；

（2）设数列 $\{a_n\}$ 的公差为 d，在 $S_{k^2}=(S_k)^2$ 中分别取 $k=1$，2 得 $\begin{cases} S_1=(S_1)^2, \\ S_4=(S_2)^2. \end{cases}$ 即

$$\begin{cases} a_1=a_1^2, & \cdots\cdots① \\ 4a_1+\dfrac{4\times3}{2}d=\left(2a_1+\dfrac{2\times1}{2}d\right)^2 & \cdots\cdots② \end{cases}$$

由式①得 $a_1=0$ 或 1.

当 $a_1=0$ 时，代入式②得 $d=0$ 或 6.

若 $a_1=0$，$d=0$，则 $a_n=0$，$S_n=0$，从而 $S_{k^2}=(S_k)^2$ 成立；

若 $a_1=0$，$d=6$，则 $a_n=6(n-1)$，可以验证 $S_9\neq(S_3)^2$，故所得数列不符合题意.

当 $a_1=1$ 时，代入式②解得 $d=0$ 或 2.

若 $a_1=1$，$d=0$，则 $a_n=1$，$S_n=n$，从而 $S_{k^2}=(S_k)^2$ 成立；

若 $a_1=1$，$d=2$，则 $a_n=2n-1$，$S_n=n^2$，从而 $S_{k^2}=(S_k)^2$ 成立.

综上，共有三个满足条件的无穷等差数列：① $\{a_n\}$：$a_n=0$；② $\{a_n\}$：$a_n=1$；③ $\{a_n\}$：$a_n=2n-1$.

评注：（2）的设问具有较强的开放性，需经历特值试验到一般结论的思维程序，而这正是创造性思维的一种方式.

高考圆锥曲线综合题新特点分析[①]

在高考试题中，圆锥曲线综合题始终处于后三题位置，是区分学生能力层次、拉开分数档次的关键题目之一. 随着新课标理念的不断深入和新教材的普遍实施，高考圆锥曲线综合试题呈现出一些新的特点.

1 向量的介入为圆锥曲线试题增添了新活力

向量具有数形结合功能和坐标运算的可操作性，这与解析几何的学科特点相吻合，在圆锥曲线试题中融入向量知识，给"古老"的圆锥曲线知识增添了新的活力.

例 1 已知椭圆的中心 O 为坐标原点，焦点在 x 轴上，斜率为 1 且过椭圆右焦点 F 的直线交椭圆于 A、B 两点，向量 $\overrightarrow{OA}+\overrightarrow{OB}$ 与 $\boldsymbol{a}=(3，-1)$ 共线.

（1）求椭圆的离心率；

（2）设 M 为椭圆上任意一点，且 $\overrightarrow{OM}=\lambda\overrightarrow{OA}+\mu\overrightarrow{OB}$ $(\lambda,\mu\in\mathbf{R})$，证明：$\lambda^2+\mu^2$ 为定值.

解：（1）设椭圆的方程为：$\dfrac{x^2}{a^2}+\dfrac{y^2}{b^2}=1(a>b>0)$，$F(c,0)$，则直线 AB 的方程为：$y=x-c$，

代入椭圆方程化简得：$(a^2+b^2)x^2-2a^2cx+a^2c^2-a^2b^2=0$.

令 $A(x_1,y_1),B(x_2,y_2)$，则 $x_1+x_2=\dfrac{2a^2c}{a^2+b^2}$，$x_1x_2=\dfrac{a^2c^2-a^2b^2}{a^2+b^2}$.

因为 $\overrightarrow{OA}+\overrightarrow{OB}=(x_1+x_2,y_1+y_2)$ 与 $\boldsymbol{a}=(3,-1)$ 共线，所以 $(x_1+x_2)+3(y_1+y_2)=0$.

———————————

① 本文发表于《理科考试研究》2006，4.

又 $y_1=x_1-c$，$y_2=x_2-c$，所以 $(x_1+x_2)+3(x_1+x_2-2c)=0$，所以 $x_1+x_2=\dfrac{3c}{2}$.

即 $\dfrac{2a^2c}{a^2+b^2}=\dfrac{3c}{2}$，则 $a^2=3b^2$，进而可得 $e=\dfrac{c}{a}=\dfrac{\sqrt{6}}{3}$.

（2）由（1）知 $a^2=3b^2$，所以椭圆 $\dfrac{x^2}{a^2}+\dfrac{y^2}{b^2}=1$ 可化为 $x^2+3y^2=3b^2$.

设 $\overrightarrow{OM}=(x,y)$，由已知得

$$(x,y)=\lambda(x_1,y_1)+\mu(x_2+y_2)，\text{所以}\begin{cases}x=\lambda x_1+\mu x_2,\\ y=\lambda y_1+\mu y_2.\end{cases}$$

因为点 (x,y) 在椭圆上，所以 $(\lambda x_1+\mu x_2)^2+3(\lambda y_1+\mu y_2)^2=3b^2$，

即 $\lambda^2(x_1^2+3y_1^2)+\mu^2(x_2^2+3y_2^2)+2\lambda\mu(x_1x_2+3y_1y_2)-3b^2$.……①

由（1）得 $x_1+x_2=\dfrac{3}{2}c$，$a^2=\dfrac{3}{2}c^2$，$b^2=\dfrac{1}{2}c^2$，所以 $x_1x_2=\dfrac{a^2c^2-a^2b^2}{a^2+b^2}=\dfrac{3}{8}c^2$.

所以 $x_1x_2+3y_1y_2=x_1x_2+3(x_1-c)(x_2-c)=\dfrac{3}{2}c^2-\dfrac{9}{2}c^2+3c^2=0$.

又 $x_1^2+3y_1^2=3b^2$，$x_2^2+y_2^2=3b^2$，代入（1）得：$\lambda^2+\mu^2=1$.

2 以圆锥曲线为载体进行大跨度的网络交汇

例2 设 $P_1(x_1,y_1)$，$P(x_2,y_2)$，$\cdots$，$P_n(x_n,y_n)(n\geqslant 3,n\in \mathbf{N}_+)$ 是二次曲线 C 上的点，且 $a_1=|OP_1|^2$，$a_2=|OP_2|^2$，$\cdots$，$a_n=|OP_n|^2$，$\cdots$构成了一个公差为 $d(d\neq 0)$ 的等差数列，其中 O 是坐标原点，记 $S_n=a_1+a_2+\cdots+a_n$.

（1）若 C 的方程为 $\dfrac{x^2}{100}+\dfrac{y^2}{25}=1$，$n=3$，点 $P_1(10，0)$ 及 $S_3=255$，求 P_3 点的坐标（只写一个）；

（2）若 C 的方程为 $\dfrac{x^2}{a^2}+\dfrac{y^2}{b^2}=1(a>b>0)$，点 $P_1(a,0)$，对于给定的自然数 n，当公差 d 变化时，求 S_n 的最小值；

（3）请选定一条除椭圆外的二次曲线 C 及 C 上的一点 P_1，对于给定的自然数 n，写出符合条件的点 P_1，P_2，$\cdots$，P_n 存在的充要条件，并说明理由.

解：（1）$a_1=|OP_1|^2=100$，由 $S_3=\dfrac{3}{2}(a_1+a_3)=255$，得 $a_3=|OP_3|^2=70$.

由 $\begin{cases} \dfrac{x_3^2}{100} + \dfrac{y_3^2}{25} = 1, \\ x_3^2 + y_3^2 = 70 \end{cases}$ 解得 $\begin{cases} x_3^2 = 60, \\ y_3^2 = 10. \end{cases}$

所以点 P_3 的坐标可以为（$2\sqrt{15}, \sqrt{10}$）.

（2）坐标原点 O 到二次曲线 C：$\dfrac{x^2}{a^2} + \dfrac{y^2}{b^2} = 1$ 上各点的最小距离为 b，最大距离为 a，因为 $a_1 = |OP_1|^2 = a^2$，所以 $d < 0$，$a_n = |OP_n|^2 = a^2 + (n-1)d \geqslant b^2$.

所以 $S_n = \dfrac{n(a_1 + a_n)}{2} \geqslant \dfrac{n(a^2 + b^2)}{2}$.

所以 S_n 的最小值为 $\dfrac{n(a^2 + b^2)}{2}$，此时公差为 $d = \dfrac{b^2 - a^2}{n-1}$.

（3）若双曲线 C：$\dfrac{x^2}{a^2} - \dfrac{y^2}{b^2} = 1$，点 $P_1(a, 0)$，则对于给定的 n，点 $P_1, P_2, \cdots, P_n$ 存在的充要条件是 $d > 0$，这是因为坐标原点 O 到双曲线 C 上各点的距离 $h \in [0, +\infty]$，且 $|OP_1| = a^2$，所以点 $P_1, P_2, \cdots, P_n$ 存在当且仅当 $|OP_n|^2 > |OP_1|^2$，即 $d > 0$.

评注：本题以圆锥曲线为载体，将代数中的函数、数列、不等式等主干知识融为一体，网络跨度较大，考查了考生自主探索的思维能力与数学实践能力，符合以学生的发展为本，培养学生的创新精神与实践能力的新课标精神.

3 将圆锥曲线的性质类比迁移，探索推广，考查创新意识

圆锥曲线有很强的共性，有些性质可在曲线间进行类比与推广，命题者据此设计试题，用以考查学生的类比推理能力和创新意识.

例3 设 F_1、F_2 分别为椭圆 C：$\dfrac{x^2}{a^2} + \dfrac{y^2}{b^2} = 1 (a > b > 0)$ 的左右两个焦点.

（1）若椭圆 C 上的点 $A\left(1, \dfrac{3}{2}\right)$ 到 F_1、F_2 两点的距离之和等于 4，写出椭圆 C 的方程；

（2）设点 K 是（1）中所得椭圆上的动点，求线段 F_1K 的中点的轨迹方程；

（3）已知椭圆具有性质：若 M、N 是椭圆 C 上关于坐标原点对称的两个点，

点 P 是椭圆上的任意一点，当直线 PM、PN 的斜率存在，并记为 k_{PM}，k_{PN} 时，那么 k_{PM} 与 k_{PN} 之积是与点 P 位置无关的常数，试对双曲线 $\dfrac{x^2}{a^2} - \dfrac{y^2}{b^2} = 1$ 写出具有类似特性的性质，并加以证明.

解：（1）（2）解略.

（3）双曲线的类似性质为：若 M、N 是双曲线 C：$\dfrac{x^2}{a^2} - \dfrac{y^2}{b^2} = 1$ 上关于坐标原点对称的两个点，点 P 是 C 上的任意一点，当直线 PM、PN 的斜率存在，并记为 k_{PM}、k_{PN} 时，那么 k_{PM} 与 k_{PN} 之积是与点 P 位置无关的常数.

设 $M(x_0, y_0)$，$N(-x_0, -y_0)$，$P(x, y)$，则 $k_{PM} \times k_{PN} = \dfrac{y - y_0}{x - x_0} \times \dfrac{y + y_0}{x + x_0} = \dfrac{y^2 - y_0^2}{x^2 - x_0^2}$.

而 (x, y)，(x_0, y_0) 满足双曲线方程，所以 $y^2 = b^2\left(\dfrac{x^2}{a^2} - 1\right)$，$y_0^2 = b^2\left(\dfrac{x_0^2}{a^2} - 1\right)$.

代入上式，得 $k_{PM} \times k_{PN} = \dfrac{\dfrac{b^2}{a^2}x^2 - \dfrac{b^2}{a^2}x_0^2}{x^2 - x_0^2} = \dfrac{b^2}{a^2}$.

4　圆锥曲线与导数相交汇，拓宽命题渠道

导数的几何意义为解决圆锥曲线的切线问题提供了便利的解法，也使命题渠道得以拓宽.

例 4　已知抛物线 C_1：$y = x^2 + 2x$ 和 C_2：$y = -x^2 + a$，如果直线 L 同时是 C_1 和 C_2 的切线，称 L 是 C_1 和 C_2 的公切线，公切线上两个切点之间的线段，称为公切线段.

（1）a 取何值时，抛物线 C_1 和 C_2 有且仅有一条公切线？写出此公切线的方程；

（2）若抛物线 C_1 与 C_2 有两条公切线，证明相应的两条公切线互相平分.

解：（1）$y = x^2 + 2x$ 的导数为 $y' = 2x + 2$，故曲线 C_1 在点 $P(x_1, x_1^2 + 2x_1)$ 的切线方程为 $y = (2x_1 + 2)x - x_1^2$.

同理，曲线 C_2 在点 $Q(x_2, -x_2^2 + a)$ 的切线方程为 $y = -2x_2x + x_2^2 + a$.

由于 C_1 和 C_2 仅有一条公切线，因此以上两方程应为同一方程，所以

$$\begin{cases} x_1+1=-x_2, \\ -x_1^2=x_2^2+a \end{cases} \Rightarrow 2x_1^2+2x_1+1+a=0.$$

由 $\Delta=0$，得 $a=-\dfrac{1}{2}$，此时 $x_1=-\dfrac{1}{2}$，P 与 Q 重合.

所以当 $a=-\dfrac{1}{2}$ 时，抛物线 P 和 Q 有且仅有一条公切线，其方程为 $y=x-\dfrac{1}{4}$.

（2）由（1）知，当 $\Delta>0$，即 $a<-\dfrac{1}{2}$ 时，C_1 与 C_2 有两条公切线，设一条公切线的切点为 $P(x_1,y_1)$，$Q(x_2,y_2)$，其中 P 在 C_1 上，Q 在 C_2 上，则 $x_1+x_2=-1$，$y_1+y_2=(x_1^2+2x_1)+(-x_2^2+a)=-1+a$.

所以线段 PQ 的中点为 $\left(-\dfrac{1}{2},\dfrac{a-1}{2}\right)$；同理，另一条公切线段的中点也是 $\left(-\dfrac{1}{2},\dfrac{a-1}{2}\right)$，所以两公切线段互相平分.

高考试题中的多参数恒成立问题[①]

恒成立问题是高考的一个热点，其中含两个以上参数的恒成立问题更是一个难点，本文选择近几年高考试题加以例析，供参考.

1 导数法

新教材所引进的导数知识，为解决多参数恒成立问题提供了规律性的解法.

例1 （2005 年辽宁高考 22③）若关于 x 的不等式 $x^2+1 \geqslant ax+b \geqslant \dfrac{3}{2} x^{\frac{2}{3}}$ 在

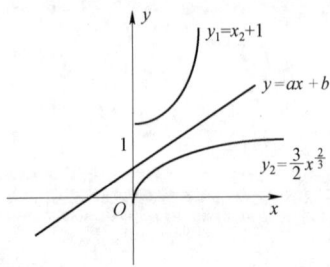

图 1

$[0, +\infty)$ 内恒成立，其中 a、b 为实数，求 b 的取值范围及 a 与 b 满足的关系.

解：结合图 1 可知 $a>0$，$0 \leqslant b \leqslant 1$ 是原不等式成立的必要不充分条件.

（1）$x^2+1 \geqslant ax+b$ 恒成立 $\Leftrightarrow x^2-ax+1-b \geqslant 0$ 恒成立.

令 $f(x)=x^2-ax+1-b$，则由 $f'(x)=2x-a=0$，得 $x=\dfrac{a}{2}$.

易知当 $0<x<\dfrac{a}{2}$ 时，$f'(x)<0$；当 $x>\dfrac{a}{2}$ 时，$f'(x)>0$.

所以 $x=\dfrac{a}{2}$ 是 $f(x)$ 在 $[0, +\infty)$ 内的唯一极小值点，所以 $f(x)_{\min}=f\left(\dfrac{a}{2}\right)=-\dfrac{a^2}{4}+$

---

① 本文发表于《高中数学教与学》2006，2.

$(1-b)$，于是当且仅当$-\dfrac{a^2}{4}+(1-b)\geq 0$，即$a\leq 2$时，（1）恒成立.

（2）$ax+b\geq \dfrac{3}{2}x^{\frac{2}{3}}$恒成立等价于$ax+b-\dfrac{3}{2}x^{\frac{2}{3}}\geq 0$恒成立.

令$g(x)=ax+b-\dfrac{3}{2}x^{\frac{2}{3}}$，则$g'(x)=a-x^{-\frac{1}{3}}$，由$g'(x)=0$得$x=a^{-3}$，易知$0<x<a^{-3}$时，$g'(x)<0$；$x>a^{-3}$时，$g'(x)>0$.

所以$x=a^{-3}$是$g(x)$在$[0,+\infty)$内的唯一极小值点，所以$g(x)_{\min}=g(a^{-3})=-\dfrac{1}{2a^2}+b$.

于是当且仅当$-\dfrac{1}{2a^2}+b\geq 0$，即$a\geq \dfrac{1}{\sqrt{2b}}$时，（2）恒成立.

综上所述，原不等式在$[0,+\infty)$内恒成立的充要条件是$\dfrac{1}{\sqrt{2b}}\leq a\leq 2\sqrt{1-b}$，显然$b$应满足$\dfrac{1}{\sqrt{2b}}\leq 2\sqrt{1-b}$，解得$b$的取值范围是：$\dfrac{2-\sqrt{2}}{4}\leq b\leq \dfrac{2+\sqrt{2}}{4}$.

2 数形结合法

例2 （2002年河南等地高考题22③）已知函数$f(x)=ax-bx^2$，$a>0$，$0<b\leq 1$，求对于任意的$x\in[0,1]$，$|f(x)|\leq 1$恒成立的充要条件.

解： 易知函数$f(x)=ax-bx^2$的图像开口向下且过点$O(0,0)$，对称轴为$x=\dfrac{a}{2b}>0$，顶点为$\left(\dfrac{a}{2b},\dfrac{a^2}{4b}\right)$.

结合图2、图3得对于任意的$x\in[0,1]$，$|f(x)|\leq 1$恒成立的充要条件是：

$$\begin{cases}0<\dfrac{a}{2b}\leq 1,\\[2mm] \dfrac{a^2}{4b}\leq 1,\\[2mm] f(1)\geq -1.\end{cases} \text{或}\begin{cases}\dfrac{a}{2b}>1,\\[2mm] f(1)\leq 1.\end{cases} \text{等价于}\begin{cases}0<a<2b,\\[1mm] a\leq 2\sqrt{b},\\[1mm] a\geq b-1.\end{cases} \text{或}\begin{cases}a>2b,\\[1mm] a\leq b+1.\end{cases}$$

解得$0\leq a\leq 2b$或$2b<a\leq b+1$，所以$0<a<b+1$.

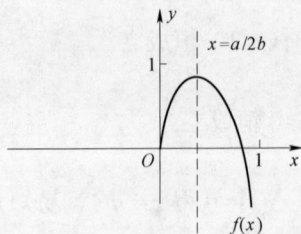

图2

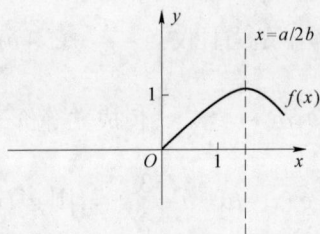

图3

所以，对于任意的 $x \in [0, 1]$，$|f(x)| \leq 1$ 恒成立的充要条件是 $0 < a \leq b+1$.

3 分离参数法

将一个参数或含该参数的表达式分离出来，利用函数的性质解决问题.

例3 同例2.

解：当 $x=0$ 时，显然对任意的 a、b 有 $|f(x)|=0 \leq 1$.

当 $x \neq 0$ 时，$f(x)=x(a-bx)$.

所以，$|f(x)| \leq 1$ 等价于 $|x||a-bx| \leq 1$，等价于 $|a-bx| \leq \dfrac{1}{|x|}$，等价于 $bx - \dfrac{1}{|x|} \leq a \leq bx + \dfrac{1}{|x|}$.

因为在 $(0, 1]$ 上，$bx - \dfrac{1}{|x|} = bx - \dfrac{1}{x}$ 是增函数，其最大值为 $b-1$，所以 $a \geq b-1$.

又因为在 $(0, 1]$ 上，$bx + \dfrac{1}{|x|} = bx + \dfrac{1}{x}$ 是减函数，其最小值为 $b+1$，所以 $a \leq b+1$.

注意到 $a>0$，$b-1 \leq 0$，知对于任意的 $x \in [0, 1]$，$|f(x)| \leq 1$ 恒成立的充要条件是 $0 < a \leq b+1$.

4 判别式法

例4（2001年上海高考题）定义若函数 $f(x)$ 对于其定义域上的某一点 x_0，有 $f(x_0)=x_0$，则称 x_0 是 $f(x_0)$ 的一个不动点. 已知函数 $f(x)=ax^2+(b+1)x+(b-1)$

$(a \neq 0)$.

（1）当 $a=1$，$b=-2$ 时，求函数 $f(x)$ 的不动点；

（2）若对任意的实数 b，函数 $f(x)$ 恒有两个不动点，求 a 的取值范围.

解：（1）$f(x)=x^2-x-3$，由 $x^2-x-3=0$ 得 $x=3$ 或 $x=-1$，所以所求不动点为 3 或 -1.

（2）令 $ax^2+(b+1)x+(b-1)=x$，则 $ax^2+bx+(b-1)=0$.……①

对任意的实数 b，函数 $f(x)$ 恒有两个不动点 $\Leftrightarrow$ 方程①恒有两个不等实根，所以 $\Delta=b^2-4ab+4a>0$ 恒成立，则 $b^2-4ab+4a$ 的判别式 $\triangle=16a^2-16a<0$，所以 $0<a<1$.

5　主元法

在解题过程中逐步减少参数，确立主元，根据主变量与参变量之间的关系，利用熟悉的一次、二次函数求解.

例 5（2004 年福建高考题）　已知函数 $f(x)=\dfrac{2x-a}{x^2+2}$（$x \in \mathbf{R}$）在 $[-1, 1]$ 上是增函数.

（1）求实数 a 的值所组成的集合 A；

（2）设关于 x 的方程 $f(x)=\dfrac{1}{x}$ 的两根为 x_1，x_2，试问：是否存在实数 m，使得不等式 $m^2+tm+1 \geqslant |x_1-x_2|$ 对于任意的 $a \in A$ 及 $t \in [-1, 1]$ 恒成立？若存在，求出 m 的取值范围；若不存在，请说明理由.

解：（1）解略，$A=\{a \in \mathbf{R} \mid -1 \leqslant a \leqslant 1\}$.

（2）由 $f(x)=\dfrac{2x-a}{x^2+2}=\dfrac{1}{x}$，得 $x^2-ax-2=0$.

因为 $\Delta=a^2+8>0$，所以 x_1，x_2 是方程 $x^2-ax-2=0$ 的两实根，所以 $x_1+x_2=a$，$x_1 x_2=-2$.

从而 $|x_1-x_2|=\sqrt{(x_1+x_2)^2-4x_1x_2}=\sqrt{a^2+8}$.

因为 $-1 \leqslant a \leqslant 1$，所以 $|x_1-x_2| \leqslant 3$.　　　……①

要使不等式 $m^2+tm+1 \geqslant |x_1-x_2|$ 对于任意的 $a \in A$ 及 $t \in [-1, 1]$ 恒成立，当且仅当 $m^2+tm+1 \geqslant 3$ 对于任意的 $a \in A$ 及 $t \in [-1, 1]$ 恒成立，即 $m^2+tm-2 \geqslant 0$ 对任意 $t \in [-1, 1]$ 恒成立.　　……②

设 $g(t)=m^2+tm-2=mt+m^2-2$，则② $\Leftrightarrow \begin{cases} g(-1)=m^2-m-2 \geqslant 0, \\ g(1)=m^2+m-2 \geqslant 0. \end{cases}$ 解得 $m \geqslant 2$ 或 $m \leqslant -2$.

所以，m 的取值范围是 $m \geqslant 2$ 或 $m \leqslant -2$.

注：本题含有 a，t，m 三个参数，通过①，减少为两个参数 t，m，要解决问题②，以 t 为主元，利用　次函数的保号性求解.

2006 年全国卷（Ⅱ）评析及与上海卷的简要比较①

1 全国卷（Ⅱ）试题评析

1.1 总体保持稳定，难度有所降低

2006 年高考数学全国卷（Ⅱ）承袭了近几年已经形成的试题格局：12 道选择题，4 道填空题，共计 76 分；6 道解答题，共 74 分；选择题、填空题的难度较上一年有所降低，整份试卷呈现入口低、坡度缓、梯次递进、逐渐深入等特点，形成了客观题难度适中、主观题层次分明，立意朴实而又不失新颖的试卷特色，发挥了良好的区分功能．

1.2 突出主干知识，强化新增内容

试题不刻意追求知识的覆盖面，而是紧紧围绕函数、三角函数、数列、立体几何、解析几何、向量、概率、导数等主干知识进行命题，分值达 132 分，可见对支撑学科知识体系的主干知识的考查力度是相当大的．同时，对向量、概率、导数等新增内容的考查得到了进一步强化，6 道大题中前 5 道题都直接或间接地考查这些内容，分值达 62 分，占 41.3%，远远高出其在教学大纲中所占的课时比例．在考查的深度上也得到进一步加强，例如第 20 题用导数知识解决不等式恒成立条件下的参数范围问题，从而支持课程改革．

---

① 该文发表于《上海中学数学》2006，7-8.

1.3　关注网络交汇，综合考查数学思想

2006 年的试题继续关注网络交汇，并以此考查数学学科能力和数学思想，如第 12、20、22 题所体现的转化与划归思想，第 18、20 题所体现的分类与讨论思想，第 15、21 题所体现的数形结合思想，第 17、20 题所体现的函数思想，其中第 20 题尽管只有一句话，但承载了多种考核要求，实属难能可贵.

1.4　体现人文关怀，力求公平竞争

整套试卷无"偏""怪"现象，无晦涩难懂且冗长的语言叙述，题干简练，背景公平，考生能够很快理解题意并作答. 不让考生输在起跑线上，而是在解答题的解题过程中设置不同层次的障碍，区分思维层次，逐渐加强试题的区分度，这样有利于缓减考生的心理压力，有利于考生正常发挥，充分体现了对考生的人文关怀. 值得一提的是，2006 年的立体几何试题一改往年利用向量法求解易于利用综合法求解的局面，适当降低了综合法中的逻辑推理难度，适当提高了向量法中建立空间直角坐标系的难度，对于使用两种版本教材的学生基本上达到了公平一致.

1.5　抑制题海战术，倡导研究性学习

不难看出，试题不追求特殊技巧，倡导通法通性，倡导研究性学习. 对于基础题和中档题，只要考生基础扎实，基本功过硬，不难取得理想分数. 对于较难的题目（后三题），虽然入手容易，但深入困难，得满分更难，没有较强的探究能力，势必浅尝辄止，这正是命题者的匠心所在. 这就是说对于基础题和中档题无须题海战术，而对于难题又是题海战术所不能的. 所以在平时的教学中应该真正使学生理解数学本质，强化数学基本功，加强研究性学习.

2　全国卷（Ⅱ）与上海卷的简要比较

（1）两套试卷的题型结构、分值设置各具特色，主观题中上海卷的分值（86分）多于全国卷（Ⅱ）的分值（74 分），可见上海卷更加强调解答题的考查功能. 客

观题中全国卷（Ⅱ）选择题多于填空题，上海卷填空题多于选择题. 此种格局已持续多年，究竟哪种方式更好一些，值得命题专家研究.

（2）由于所用教材不同，两卷考查的知识侧重点不同，上海卷侧重传统内容，全国卷（Ⅱ）更加强调新增的向量、概率、导数等内容（如前所述）. 两卷都很重视对基础知识、基本技能、基本思想方法的考查.

（3）两卷都以能力立意，但全国卷（Ⅱ）更加重视分析问题、解决问题的能力，比较传统；而上海卷既重视分析问题、解决问题的能力，也重视发现问题、信息迁移和类比推理的能力，如 2006 年考题中的 22 题. 上海卷对数学能力的考查更加全面和到位. 纵观历年的上海卷，不难发现在能力立意上面，命题者进行着不断的探索、实践、深化与创新.

总之，上海卷在创新设计上走在了全国的前列，积累了有价值的经验，值得借鉴.

评析 2005 年高考数学全国卷（Ⅱ）[①]
——兼与上海卷的比较分析

1 试题特点分析

2005 年高考数学全国卷（Ⅱ）为内蒙古、黑龙江、吉林、广西等地使用. 总体来看，试题比较平稳，题型结构、试题题量、分值配置都与往年相同. 难度较上年全国卷有所增加，主要体现在选择题和填空题上，考生在这些题上花费的时间相对较多，以致影响后续答题.

1.1 题干简练，背景公平

不难看出，试题的题干都比较简练，背景比较公平. 考题没有更多的晦涩难懂且冗长的语言叙述，考生在审题这一环节上基本不存在障碍，能在较短时间内读懂题意，这样符合学生的实际理解能力，有利于减缓考生的心理压力，有利于考生的正常发挥，更加人性化.

1.2 表面平稳，稳中显奇

试题无"偏""怪"现象，无形同虚设的题目，综合题的跨度不大，但下手容易得分难，在解题过程中巧设障碍，区分思维层次，加强试题的区分度，进而加强试题的选拔功能，例如理科第 12 题，详细计算费时费力，但结合选项，通过估算、排除等手段，可得出连接四个球心所得的正四面体的高必为 $\dfrac{2\sqrt{6}}{3}$，然后再加

① 该文发表于《上海中学数学》2005，7－8.

半径 1 和上面一个球的球心到顶点的距离 3，即可选定 C.

1.3 算法算理，隐性考查

2005 年《考试大纲》强化了对运算能力的要求，指出运算能力是思维能力和运算技能的结合．运算能力包括分析运算条件、探究运算方向、选择运算公式、确定运算程序等一系列过程中的思维能力，也包括在实施运算过程中遇到运算障碍而调整运算的能力．在这种背景下，2005 年高考试题明显加强了计算能力的考查，与考纲一致，但绝没有繁杂的计算，而是在算法算理上做文章，不少考生正是缺乏这种能力，而使试题"难"了起来．例如理科第 21 题和文科第 20 题，为了求弦长 $|PQ|$，有的考生先求直线与椭圆的交点，后用两点间的距离（参考答案也如此），而有的考生利用由距离公式得到的弦长公式：$|PQ| = \sqrt{[(x_1 + x_2)^2 - 4x_1 x_2](1 + k^2)}$，结合韦达定理，可大大减少运算量，由此可区分出考生的个体差异．

1.4 主干知识，重点考查

原有的函数（含三角函数）、数列、立体几何、解析几何，与新增的向量、概率、导数是新教材中支撑学科的主干知识，整份试卷紧紧围绕这些内容命题，其中文科占 136 分，理科占 126 分，可见对支撑数学知识体系的主干知识的考查，始终占据题型多、题量大、分数重、经久不衰、常考常新的突出位置．

1.5 数学思想，综合体现

数学思想方法是数学知识的精髓，是知识转化为能力的桥梁，2005 年的试题继续重视数学学科能力和数学思想的考查，并将多样的数学思想方法置于"平凡"的数学问题之中，如第 17、20 题所体现的转化与化归思想，第 15、19、21 题所体现的分类讨论思想；第 4、10 题所体现的数形结合思想；第 21、22 题所体现的函数思想等．

1.6 美中不足，瑕不掩瑜

文理立体几何试题用综合方法和向量方法求解，难度有明显差异．用向量法求解思路、过程都较简单，得分容易，这对于使用高二（下）A 版本教材的学生，有失公平. 文科三角试题（第 17 题）的答案 $\left(\dfrac{204}{253}\right)$ 令考生生疑，不少考生以为自己算错了而反复计算.

总之，本试卷不失为符合"三个有利于"的一套好试卷，值得肯定. 试题再次向中学教育传递了以下信息：减少重复训练，跳出题海战术，理解数学本质，强化数学基本功，提高数学能力，才是有价值的数学学习.

■ 2 与上海高考试题的比较分析

上海是率先实行自主命题的省市，近年来上海高考试题已形成自己的独特风格，与其他省市以及全国高考试题比较，自有特色. 在题型结构上的区别自不待言，从分值上看全国卷客观题 76 分，主观题 74 分，而上海卷客观题 64 分，主观题 86 分，可见上海卷更加强调解答题的考查功能. 填空题多于选择题对中学的教与学都有良好的导向作用.

从深层次看，上海高考试题充分注重了基础、能力、创新的有机结合，特别关注基础在能力、创新上的作用，对于能力和创新的考查又相当到位，这充分体现了把"以学生的发展为本"和"由基础性学力、发展性学力、研究性学力组成的新学习观"作为命题的基本理念，非常值得肯定.

在题目配置上由易到难，轮廓清晰、自然，体现了对考生人文关怀上的良苦用心，也可以清楚地感受到它给学生"创设了接受型学习—发现型学习—研究型学习的平台".

笔者多年来一直关注上海高考试题，认为在高考命题的创新设计上，上海走在了全国的前列，为高考命题积累了有价值的、值得借鉴的宝贵经验. 我们可以回想：近年来出现的新定义题、合情推理题、类比探索题、阅读纠错题等，都是在上海卷中率先出现的，这足以说明以上观点.

高考数学临场得分策略^①

高考作为一种选拔性考试，不仅是知识、思维的竞争，也是身体、心理等综合实力的竞争，所以临场发挥是一个非常重要的因素. 笔者根据自己的教学实际，谈几点策略，也许对考生有所帮助.

1　万事俱备好心情

（1）心理准备. 考生应该以饱满的自信进入考场，要相信自己的知识和能力已达到一定高度，相信经过较长时间的复习与模拟已具备必要的应试能力. 不必考虑即将作答的试题的难易，相信难度面前人人平等. 也许一进考场时头脑一片空白，此时千万不要惊慌，亦不要刻意回忆某些知识，这是正常现象，相信拿到试卷后针对具体问题，自然会好.

（2）生理准备. 高考是很紧张很激烈的脑力劳动，临近高考时常见腹泻、失眠等症状，要注意及时诊治，并谨防其他疾病的发生. 为此，要做到劳逸结合，保证睡眠，保持清醒头脑，注意饮食卫生并结合适当的药物治疗.

（3）考试用具准备. 考生应提前将考试所需用具，如铅笔、橡皮、圆珠笔、圆规、三角尺、准考证等准备好，考试时应提前到达考场，按时进入考场，心平气和地等待开考.

① 该文发表于《理科考试研究》2001，5.

2　先易后难情绪稳

高考试题的题型结构已相对稳定. 一般来讲，各种题型都是按照先易后难的顺序排列的. 考生拿到试卷后应先浏览一下整份试卷，如发现有熟悉的题目可先解之，这样可产生旗开得胜的快意，情绪自然高涨，在心理上会占据优势. 考生答题时，一般按照先易后难的顺序作答，切记按序强攻. 所谓难与易是因人而异的，并不强求一律，先易后难可轮番进行，要扬长避短，使思维总处在活跃点上.

3　客观试题快又准

选择题和填空题因其考查的知识点丰富、蕴含的思想方法多、思维形式灵活、解题方法灵活等优点而成为高考试题的必设题型. 在选择题、填空题上赢得时间和分数是取得答题成功的关键环节之一. 另外，选择题常常有陷阱，常将错误解法所得结论作为选项之一，稍不留神就会出错. 所以解答时不仅要快而且要准.

4　条件结论看分明

解题的首要步骤是审题，条件是什么结论是什么，需要咬文嚼字，不能草率作答. 如果解到一定程度才发现审题有误，既耽误时间又影响情绪. 要谨防看错题意或看漏条件. 另外，题目条件是解题的信息源，应充分挖掘. 审题要慢，解题要快. 为此，步骤要详略得当，应该在草稿纸上完成的内容不要写到卷面上.

5　巧题就得巧得分

有些试题设计了巧妙的解题方法，需要用巧妙的方法解决，要注意综合观察分析，要注意赋特殊值法、排除法、数形结合、举反例、估算法的利用.

6　坦然面对新面孔

　　高考试题中必然有设计新颖、构思巧妙的题目，这些题是考生从未见过的，也是各种资料上从未出现过的，属于创新试题，不少考生无从下手，主要原因是考生对题目所提供的新信息有恐惧心理. 其实这些题目虽然起点高，但落点低，只要我们心平气和，坦然面对，突破它们是很容易的.

7　难题未必难得分

　　一般来讲，高考数学题中选择题的后两道、填空题的后一道、解答题的后三道是把关题，这些题是拉开考生分数档次的关键题目，考生应力争在这些题目上拿到满意的分，不能轻易放弃. 一方面近几年试题难度有所降低，难题未必难得分；另一方面，难题均是分步设问的，要特别注意分步得分.

8　卷面整洁也是分

　　一份字迹清楚、表述规范的试卷，自然会使阅卷者感到心情舒畅，好感倍增. 解答题都是按步骤给分的，考生应该使自己的答题过程思路清晰、语言精练、重点突出、构图合理、论证严密、运算准确，抓住关键得分点，能一目了然地展示思维及运算过程. 切忌乱涂乱划、啰唆重复、漏洞百出. 为此应注重以下几点：① 要突出解题环节. 在书写解题过程之前，应厘清应有哪些主要步骤，确保不遗漏重要的得分点；② 合理安排各层次的顺序，做到一环扣一环；③ 要使用规范的数学语言；④ 如需补充内容，可用"事实上，某步可以证明如下……"等字眼写在旁边的空白处. 只有这样才可防止错判漏判，减少隐性失分.

9　铃声响过再出门

答完试卷后千万不可提前交卷. 复查是考试的一个重要环节, 不可忽视. 要检查以下项目: ① 答题卡是否填涂到位; ② 是否有错解、漏解现象; ③ 考号、姓名是否填好. 另外, 在检查过程中也可能有灵感出现, 以便做出先前未解的题目. 考试终了的铃声响过以后, 再带好自己的用品离开考场.

第三部分
解题研究篇

四种最值帮你求离心率的范围①

已知椭圆 $\dfrac{x^2}{a^2}+\dfrac{y^2}{b^2}=1(a>b>0)$，顶点 $A_1(-a,0)$，$A_2(a,0)$，$B_2(0,b)$，$B_1(0,-b)$，焦点 $F_1(-c,0)$，$F_2(c,0)$．下面是与顶点、焦点有关的几个实用性最值．

最值1 椭圆上一点 P 到中心的距离的最大值是 a，最小值是 b．

证明： 设 $P(x,y)$，则 $|PO|=\sqrt{x^2+y^2}=\sqrt{x^2+b^2-\dfrac{b^2}{a^2}x^2}=\sqrt{\dfrac{c^2}{a^2}x^2+b^2}$．

因为 $0\leqslant x^2\leqslant a^2$，所以当 $x=0$ 时，$|PO|$ 的最小值是 b；当 $x=\pm a$ 时，$|PO|$ 的最小值是 $\sqrt{b^2+c^2}=a$．

例1 已知椭圆 C：$\dfrac{x^2}{a^2}+\dfrac{y^2}{b^2}=1$，$F_1$、$F_2$ 是两个焦点，若椭圆上存在点 P，使 $\angle F_1PF_2=\dfrac{\pi}{2}$，求椭圆离心率的范围．

解析： 因为存在点 P 使 $\angle F_1PF_2=\dfrac{\pi}{2}$，所以以椭圆中心为圆心，$c$ 为半径画圆，与该椭圆有公共点，所以 $b\leqslant c$，即 $b^2\leqslant c^2$，$a^2-c^2\leqslant c^2$，进而可得 $\dfrac{\sqrt{2}}{2}\leqslant e<1$．

最值2 椭圆上一点 P 到焦点的距离的最大值是 $a+c$，最小值是 $a-c$．

仿最值1的方法可证，这里略．

具体来说就是：椭圆左顶点到右焦点的距离最大，左顶点到左焦点的距离最小；椭圆右顶点到左焦点的距离最大，右顶点到右焦点的距离最小．

---

① 该文发表于《中学生数学》高中版，2017，3．

例 2　椭圆 C：$\dfrac{x^2}{a^2}+\dfrac{y^2}{b^2}=1(a>b>0)$ 的左右焦点分别为 F_1，F_2，若椭圆 C 上恰好有 6 个不同的点 P，使得 $\triangle F_1F_2P$ 为等腰三角形，则椭圆 C 的离心率的取值范围是（　　　）.

A. $\left(\dfrac{1}{3},\dfrac{2}{3}\right)$　　　　B. $\left(\dfrac{1}{2},1\right)$　　　　C. $\left(\dfrac{2}{3},1\right)$　　　　D. $\left(\dfrac{1}{3},\dfrac{1}{2}\right)\cup\left(\dfrac{1}{2},1\right)$

解析：易知短轴两个端点符合题意. 以 F_2 为圆心，$2c$ 为半径作圆，与椭圆有两个交点即可，注意到最值 2，可得 $2c>a-c$，且 $2c\neq a$，此时存在两个 P 点，根据对称性，以 F_1 为圆心作圆亦有两个点，共计 6 个点满足题意. 所以 $\dfrac{1}{3}<e<1$ 且 $e\neq\dfrac{1}{2}$，故选 D.

最值 3　P 是椭圆上一点，当 P 是短轴端点时，$\angle F_1PF_2$ 最大.

证明：不妨设 $|PF_1|=m$，$|PF_2|=n$，则 $m+n=2a$.

$$\cos\angle F_1PF_2=\frac{m^2+n^2-4c^2}{2mn}$$

$$=\frac{(m+n)^2-4c^2-2mn}{2mn}$$

$$=\frac{4a^2-4c^2}{2mn}-1=\frac{2b^2}{mn}-1$$

因为 $mn\leq\left(\dfrac{m+n}{2}\right)^2=a^2$，所以 $\cos\angle F_1PF_2\geq\dfrac{2b^2}{a^2}-1$，当 $m=n$ 时等号成立.

注意到 $0<\angle F_1PF_2<\pi$，$\cos\angle F_1PF_2$ 是减函数，所以 $m=n$ 时，$\angle F_1PF_2$ 最大，此时 $P(0,\pm b)$.

例 3　同例 1.

解析：若 $\angle F_1PF_2=\dfrac{\pi}{2}$，则由最值 3 知 $\angle F_1BF_2\geq\dfrac{\pi}{2}$（其中 B 为椭圆短轴端点）. 于是 $e=\dfrac{c}{a}=\sin\angle OBF_2\geq\sin 45°=\dfrac{\sqrt{2}}{2}$，所以 $\dfrac{\sqrt{2}}{2}\leq e<1$.

最值 4　P 是椭圆上一点，当 P 是短轴端点时，$\angle A_1PA_2$ 最大.

证法一：利用到角公式.

易知$\angle A_1PA_2$为钝角，不妨设$P(x,y)$，且$y>0$，视$\angle A_1PA_2$为直线A_1P到A_2P的角，

$$\tan\angle A_1PA_2 = \frac{k_{A_2P}-k_{A_1P}}{1+k_{A_1P}k_{A_2P}} = \frac{2ay}{x^2+y^2-a^2}$$

将$y^2 = a^2\left(1-\dfrac{y^2}{b^2}\right)$代入上式得：$\tan\angle A_1PA_2 = -\dfrac{2ab^2}{c^2y}$.

因为$0<y\leqslant b$，所以$y=b$时$\tan\angle A_1PA_2$最大，而$\left(\dfrac{\pi}{2},\ \pi\right)$内正切函数是增函数，

所以$y=b$时，$\angle A_1PA_2$最大，此时$P(0,\ \pm b)$.

证法二： 过P作x轴的垂线，利用两角和的正切公式.

设$P(x,y)$，根据椭圆的对称性，不妨设$y>0$，过P作x轴的垂线，垂足为N，设$\angle APN=\alpha$，$\angle APB=\beta$，则$\tan\alpha = \dfrac{x+a}{y}$，$\tan\beta = \dfrac{x-a}{y}$，于是

$$\tan(\alpha+\beta) = \frac{\tan\alpha+\tan\beta}{1-\tan\alpha\tan\beta} = \frac{2ay}{x^2+y^2-a^2}$$

又点P在椭圆上，所以$x^2 = a^2-\dfrac{a^2y^2}{b^2}$，代入上式得：

$$\tan(\alpha+\beta) = -\frac{2ab^2}{c^2y}$$

以下同上，略.

例 4 若椭圆C：$\dfrac{x^2}{a^2}+\dfrac{y^2}{b^2}=1$上存在一点$P$，使得$\angle A_1PA_2 = \dfrac{2\pi}{3}$，其中$A_1$、$A_2$是两个顶点，求椭圆离心率的范围.

解析： 由最值 4 得：$\angle A_1BA_2\geqslant\dfrac{2\pi}{3}$（其中$B$为椭圆短轴端点），故$\angle OBA_2\geqslant\dfrac{\pi}{3}$.

于是$\dfrac{a}{b}=\tan\angle OBA_2\geqslant\tan\dfrac{\pi}{3}=\sqrt{3}$，所以$a^2\geqslant 3b^2=3a^2-3c^2$，即$2a^2\leqslant 3c^2$，所以

$\dfrac{\sqrt{6}}{3}\leqslant e<1$.

又如：2017 年高考全国卷（Ⅰ） 文科 12 题.

设 A、B 是椭圆 C：$\dfrac{x^2}{3}+\dfrac{y^2}{m}=1$ 长轴的两个端点，若 C 上存在点 M 满足 $\angle AMB=120°$，则 m 的取值范围是（ ）.

A. $(0,1]\cup[9,+\infty)$ B. $(0,\sqrt{3}]\cup[9,+\infty)$

C. $(0,1]\cup[4,+\infty)$ D. $(0,\sqrt{3}]\cup[4,+\infty)$

解略，选 A.

圆锥曲线的一类最值问题①

本文探讨在圆锥曲线上求一点，使其到一定点和一焦点（或圆心）的距离之和最小，距离之差（绝对值）最大的问题.

圆锥曲线将平面分成两部分，我们称含焦点的区域为圆锥曲线的内部，不含焦点的区域为圆锥曲线的外部. 以下讨论定点在曲线内的情形. 对于定点在曲线外的情形，利用平面几何知识可直接得到结论，这里不再赘述.

1 圆

例 1 设定点 A 在圆 O：$x^2+y^2=R^2(R>0)$内，在圆 O 上分别求一点 P，使得：（1）$|PA|+|PO|$最小；（2）$||PA|-|PO||$最大.

解：（1）不妨设 $A(a, 0)$（$a>0$），如图 1 所示，因为$|PO|+|PA|=R+|PA|$，所以只需$|PA|$最小即可. 设 $P(R\cos\theta, R\sin\theta)$，则

$$|PA|^2=(R\cos\theta-a)^2+R^2\sin^2\theta=R^2-2aR\cos\theta+a^2=-2aR\cos\theta+R^2+a^2$$

易知当 $\cos\theta=1$ 时，$|PA|^2$ 有最小值：$R^2+a^2-2aR=(R-a)^2$.

所以当 P 取 OA 的延长线与圆 O 的交点时，$|PA|+|PO|$最小，最小值为：$R+|PA|=R+R-a=2R-a$，即 $2R-|OA|$.

（2）如图 2 所示，利用平面几何知识直接可得：当 P 取 OA 或 AO 的延长线与圆 O 的交点时，$||PA|-|PO||$最大，最大值为$|OA|$，显然满足条件的 P 有两个，分别对应于$|PA|-|PO|$和$|PO|-|PA|$最大值.

① 该文发表于《高中数学教与学》2002，9.

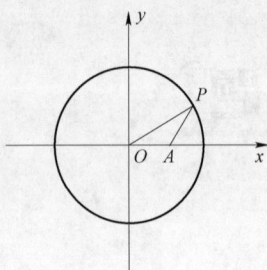

图 1

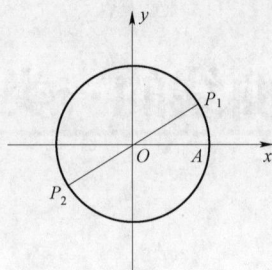

图 2

2　椭圆

例 2　设定点 A 是椭圆 $\dfrac{x^2}{a^2}+\dfrac{y^2}{b^2}=1$（$a>b>0$）内一点，$F_1$，$F_2$ 是椭圆的两个焦点，在椭圆上分别求一点 P，使得：（1）$|PF_1|+|PA|$ 最小；（2）$||PF_1|-|PA||$ 最大.

解：（1）如图 3 所示，取 F_2A 的延长线与椭圆的交点 P，在椭圆上任意取一点 Q，$|PF_1|+|PF_2|=2a$，即 $|PF_1|+|PA|+|AF_2|=2a$，而 $|QF_1|+|QA|+|AF_2|\geqslant|QF_1|+|QF_2|=2a$，所以 $|QF_1|+|QA|+|AF_2|\geqslant|PF_1|+|PA|+|AF_2|$，于是 $|QF_1|+|QA|\geqslant|PF_1|+|PA|$，所以 P 使得 $|PF_1|+|PA|$ 最小，最小值为 $2a-|AF_2|$.

（2）如图 4 所示，利用平面几何知识可得：当 P 取 AF_1 或 F_1A 的延长线与椭圆的焦点时 $||PF_1|-|PA||$ 最大，最大值为 $|AF_1|$，显然满足条件的 P 有两个，并且分别对应于 $|PF_1|-|PA|$ 和 $|PA|-|PF_1|$ 的最大值.

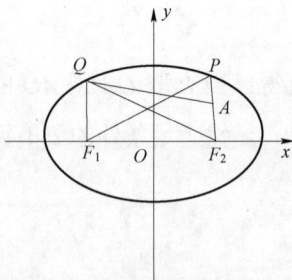

图 3

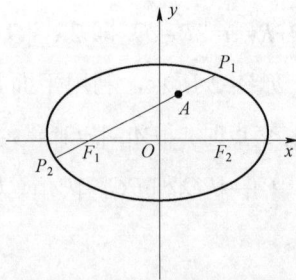

图 4

3 双曲线

例3 设 F_1，F_2 是双曲线 $\dfrac{x^2}{a^2}-\dfrac{y^2}{b^2}=1$（$a>0$，$b>0$）的两个焦点，$A$ 是双曲线含左焦点 F_1 内部一定点，在双曲线上分别求一点 P，使得：（1）$|PF_1|+|PA|$ 最小；（2）$||PF_1|-|PA||$ 最大.

解：（1）如图 5 所示，设 P 是双曲线左支上一点，由双曲线的定义知：$|PF_2|-|PF_1|=2a$，即 $|PF_1|=|PF_2|-2a$，所以 $|PA|+|PF_1|=|PA|+|PF_2|-2a\geqslant|AF_2|-2a$.

故点 P 为 AF_2 与双曲线左支的交点时，$|PF_1|+|PA|$ 最小，最小值为 $|AF_2|-2a$.

（2）如图 6 所示，取 P 为直线 AF_1 与双曲线的交点时，$||PF_1|-|PA||$ 最大，最大值为 $|AF_1|$. 若 AF_1 平行于双曲线的一条渐近线，则满足条件的点 P 有且只有一个；若 AF_1 不平行于双曲线的渐近线，则满足条件的点 P 有两个.

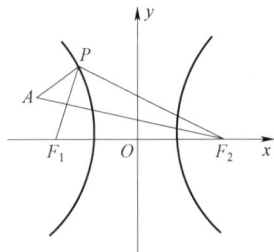

图 5

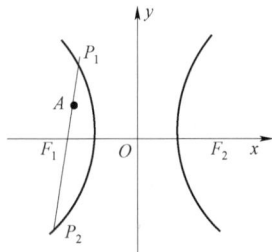

图 6

4 抛物线

例4 设点 A 是抛物线 $y^2=2px$（$p>0$）内部一点，F 是抛物线的焦点，在抛物线上分别求一点 P，使得：（1）$|PF|+|PA|$ 最小；（2）$||PA|-|PF||$ 最大.

解：（1）如图 7 所示，过 A 作准线的垂线，垂足是 M，与抛物线的焦点是 P，则由抛物线的定义知：$|PF|=|PM|$，则 $|PA|+|PF|=|PA|+|PM|$，所以 $|PF|+|PA|$ 的最小值是 $|AM|=a+\dfrac{p}{2}$.

（2）如图 8 所示，取点 P 为直线 AF 与抛物线的交点时，$||PA|-|PF||$最大，最大值为$|AF|$. 若 A 在 x 轴上，则满足条件的点 P 有且只有一个（即点 O）；若 A 不在 x 轴上，则满足条件的点 P 有两个.

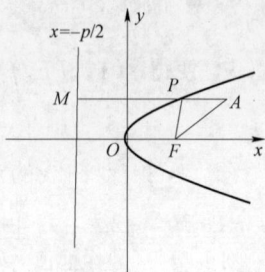
图 7

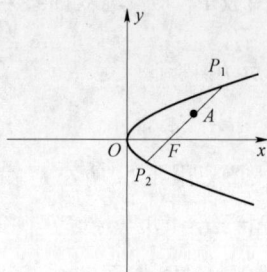
图 8

非线性平面区域问题[①]

平面区域因其具有如下良好特征而成为各类考试的一个新热点：① 区域内的点满足同一不等式，区域外的点满足同一不等式，故可以取特殊点确定区域的位置；② 具有广泛的网络交汇性，是能力立意的良好素材；③ 有高等数学的积分背景，可谓初、高等数学的衔接点，故可命制高观点试题以加强选拔功能. 本文选择非线性区域加以例析.

1 边界是正、余弦型曲线

例1 函数 $y=f(x)$ 的图像与直线 $x=a$，$x=b$ 及 x 轴所围成的图形的面积称为函数 $f(x)$ 在 $[a, b]$ 上的面积：已知函数 $y=\sin nx$ 在 $\left[0, \dfrac{\pi}{n}\right]$ 上的面积为 $\dfrac{2}{n}$（$n \in \mathbf{N}_+$），则

① 函数 $y=\sin 3x$ 在 $\left[0, \dfrac{2\pi}{3}\right]$ 上的面积为_____；

② 函数 $y=\sin (3x-\pi)+1$ 在 $\left[\dfrac{\pi}{3}, \dfrac{4\pi}{3}\right]$ 上的面积为_____.

解：（1）画出如图1所示的平面区域，依题意 $y=\sin 3x$ 在 $\left[0, \dfrac{\pi}{3}\right]$ 上的面积为 $\dfrac{2}{3}$.

根据函数图像的对称性知，在 $\left[\dfrac{\pi}{3}, \dfrac{2\pi}{3}\right]$ 上的面积也为 $\dfrac{2}{3}$，所以所求面积为 $\dfrac{4}{3}$.

（2）$y=\sin (3x-\pi)+1=-\sin 3x+1$ 在 $\left[\dfrac{\pi}{3}, \dfrac{4\pi}{3}\right]$ 上的面积应为图 2 中曲线与直线

---

① 该文发表于《数理天地》2006，6.

$x=\dfrac{\pi}{3}$ 和 $x=\dfrac{4\pi}{3}$ 以及轴围成的区域的面积，又区域 I 、II 、III 的面积相等，都为 $\dfrac{2}{3}$ ，

矩形 $ABCD$ 的面积为 π ，故所求面积为 $\pi+\dfrac{2}{3}$.

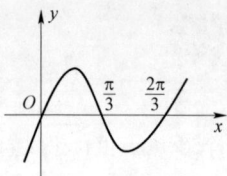

图 1

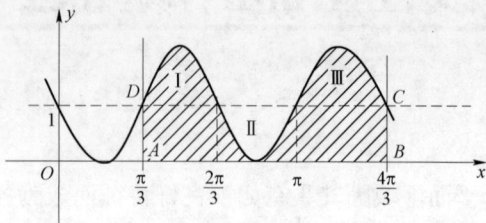

图 2

2　边界是圆

例 2　已知集合 $A=\{(x,y)|\ x^2+y^2-4x-14y+45<0\}$ ，$B=\{(x,y)|y>|x-m|+7\}$ ；若 $A\cap B\neq\phi$ ，求 m 的取值范围.

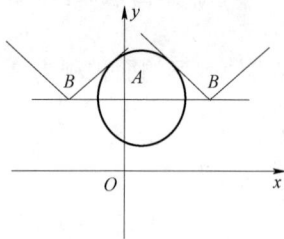

图 3

解：如图 3 所示，A 表示圆 $(x-2)^2+(y-7)^2=8$ 内的点，B 表示两条射线 $y=x-m+7$（$x\geqslant m$），$y=-x+m+7$（$x\leqslant m$）上方的点.

当射线 $y=x-m+7$（$x\geqslant m$）与圆 $(x-2)^2+(y-7)^2=8$ 相切时，由 $\dfrac{|2-7-m+7|}{\sqrt{2}}=2\sqrt{2}$ ，得 $m=-2$ ，$m=6$（舍去）；

当射线 $y=-x+m+7$（$x\leqslant m$）与圆 $(x-2)^2+(y-7)^2=8$ 相切时，由 $\dfrac{|-2-7+m+7|}{\sqrt{2}}=$

$2\sqrt{2}$ ，得 $m=6$ ，$m=-2$（舍去），所以 $-2<m<6$.

3　边界是椭圆

例 3　画出抛物线系 C：$y^2=mx+2m^2+1$ ，$m\in\mathbf{R}$ 在 xOy 平面上不经过的区域.

解：先考虑抛物线系 C 经过的区域. 视 m 为变量，有 $2m^2+mx+1-y^2=0$.

因为 $m \in \mathbf{R}$，所以 $\Delta = x^2 - 8(1-y^2) \geq 0$，即 $\dfrac{x^2}{8} + y^2 \geq 1$，此

区域为椭圆 $\dfrac{x^2}{8} + y^2 = 1$ 上或外部的点集，故 C 不经过的

区域为椭圆 $\dfrac{x^2}{8} + y^2 = 1$ 的内部，如图 4 所示.

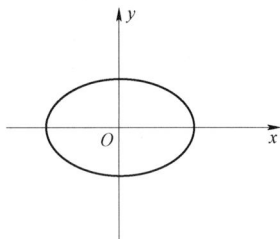

图 4

4　边界是双曲线

例 4　如图 5 所示，某村庄位于矩形区域 $ABCD$ 内，P 处是村外一集市，已知 $PA=1$ km，$PB=1.5$ km，$BC=0.6$ km，$\angle APB=60°$，在村中确定一条界线，使得界线一侧区域内的居民沿道路 PA 去集市较近，另一区域内的居民沿道路 PB 去集市较近.

解：设 M 是界线上任意一点，则 $|MA|+|AP|=|MB|+|BP|$，即 $|MA|-|MB|=|BP|-|AP|=\dfrac{1}{2}$.

$|AB| = \sqrt{1^2 + 1.5^2 - 2 \times 1 \times 1.5 \cos 60°} = \dfrac{\sqrt{7}}{2}$，故所求界线是以 A、B 为焦点的双曲线的一支.

以直线 AB 为轴，线段 AB 的中点为坐标原点建立直角坐标系，则所求的双曲线中，$a = \dfrac{1}{4}$，$c = \dfrac{\sqrt{7}}{4}$，所以 $b^2 = c^2 - a^2 = \dfrac{3}{8}$.

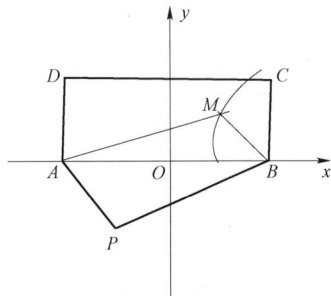

图 5

其方程为：$16x^2 - \dfrac{8y^2}{3} = 1$，故所求的界线为该双曲线右支在矩形内的一部分（$0.25 \leq x \leq 0.35$，$y \geq 0$）.在此边界右侧区域内的居民沿道路 PB 去集市较近，左侧的居民沿道路 PA 去集市较近.

5   边界是抛物线

例 5   已知 $a>0$，$b>0$，且关于 x 的方程 $x^2+ax+2b=0$，$x^2+2bx+a=0$ 都有实数根，求 $a+b$ 的最小值.

解： 由题意，有 $\begin{cases} a>0,b>0, \\ a^2-8b\geqslant 0, \\ b^2-a\geqslant 0. \end{cases}$

易知，点 (a,b) 在如图 6 所示的阴影区域内，设 $z=a+b$，这是一组斜率为 -1 的直线系，作直线 L_0：$a+b=0$.

由 $\begin{cases} a^2-8b=0, \\ b^2-a=0 \end{cases}$ 得 $A(4,2)$.

作 L_0 的平行线 L，当 L 过点 A 时，$z=a+b$ 最小，故 $a+b$ 的最小值为 $4+2=6$.

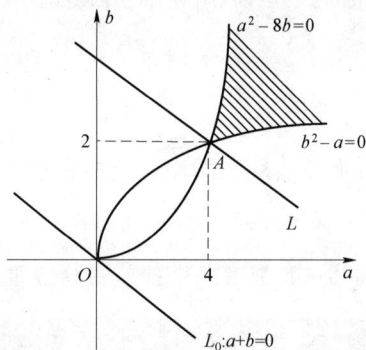

图 6

构造距离巧求多元函数最值①

含有两个以上变元的函数，我们称其为多元函数. 求多元函数的最值，其方法可用换元法、判别式法、重要不等式法，等等. 本文用构造距离法求解，供参考.

■ 1 构造两点间的距离

例1 （第二届"希望杯"全国数学邀请赛试题）已知以实数为自变量的函数 $v(x,y)=x^2+\dfrac{81}{x^2}-2xy+\dfrac{81}{x}\sqrt{2-y^2}$，求 $v(x,y)$ 的最小值.

解：$v(x,y)=x^2-2xy+y^2+\left[\left(\dfrac{9}{x}\right)^2+2\left(\dfrac{9}{x}\right)\sqrt{2-y^2}+(2-y^2)\right]-2$

$$=(x-y)^2+\left(\dfrac{9}{x}+\sqrt{2-y^2}\right)^2-2$$

考虑点 $M\left(x,\dfrac{9}{x}\right)$，$N(y,-\sqrt{2-y^2})$，则点 M 在曲线 C_1：$xy=9$ 上，点 N 在曲线 C_2：$x^2+y^2=2$（$y\leqslant0$）上，显然 $|MN|_{\min}=3\sqrt{2}-\sqrt{2}=2\sqrt{2}$，所以 $v(x,y)_{\min}=(2\sqrt{2})^2-2=6$.

■ 2 构造点到直线的距离

例2 已知 $2x+4y=1$，求 $S=x^2+y^2$ 的最小值.

解：将 x^2+y^2 视为坐标原点 $O(0,0)$ 到点 $P(x,y)$ 的距离的平方，而点 P 在直线 l：

① 该文发表于《高中数学教与学》2002，6.

$2x+4y=1$ 上，坐标原点 $O(0, 0)$ 到直线 l 的距离为 $d=\dfrac{|-1|}{\sqrt{2^2+4^2}}=\dfrac{1}{\sqrt{20}}$ ，所以 S 的最小值为 $\dfrac{1}{20}$.

例 3 已知 a, b, x, y 是实数，且 $a^2+b^2=1$，$x^2+y^2=1$，求 $ax+by$ 的最大值和最小值.

解： 视 $P(x, y)$ 为单位圆 $x^2+y^2=1$ 上的点，P 到过坐标原点的直线 $ax+by=0$ 的距离为 d.

显然 $d\leqslant 1$，所以 $\dfrac{|ax+by|}{\sqrt{a^2+b^2}}\leqslant 1$，又因为 $a^2+b^2=1$，所以 $|ax+by|\leqslant 1$，即 $-1\leqslant ax+by\leqslant 1$，所以 $ax+by$ 的最大值为 1，最小值为 -1.

3　构造两平行线间的距离

例 4 已知 a, b, x, y 是实数，且 $a+2b+4=0$，$x+2y-1=0$，求 $(a+x)^2+(b+y)^2$ 的最小值.

解： 将 $(a+x)^2+(b+y)^2$ 视为点 $M(a, b)$，$N(-x, -y)$ 的距离的平方，而点 M 在直线 l_1：$x+2y+4=0$ 上，点 N 在直线 l_2：$x+2y-1=0$ 上，容易知道 l_1 平行于 l_2.

所以 M，N 两点间的距离的最小值为 l_1 与 l_2 之间的距离 $d=\dfrac{|4+1|}{\sqrt{1+2^2}}=\sqrt{5}$.

所以 $(a+x)^2+(b+y)^2$ 的最小值为 5.

如何建立圆锥曲线中的不等关系^①

![] 1 利用曲线的几何性质建立不等关系

例1 双曲线 C：$\dfrac{x^2}{a^2}-\dfrac{y^2}{b^2}=1$ 的右顶点为 A，x 轴上有一点 $Q(2a,0)$，若 C 上存在一点 P，使得 $PA\perp PQ$，求离心率 e 的取值范围.

解： 设 $P(x,y)$，由 $PA\perp PQ$，得 $\dfrac{y}{x-a}\times\dfrac{y}{x-2a}=-1$，又 $\dfrac{x^2}{a^2}-\dfrac{y^2}{b^2}=1$，二者联立消 y 得：$(a^2+b^2)x^2-3a^3x+a(2a^3-ab^2)=0$，即 $(x-a)[(a^2+b^2)x-2a^3+ab^2]=0$.

因为 $x\neq a$，所以 $(a^2+b^2)x-2a^3+ab^2=0$，则 $x=\dfrac{2a^3-ab^2}{c^2}$.

由双曲线的几何性质知：$|x|>a$，所以 $\left|\dfrac{2a^3-ab^2}{c^2}\right|>a$.

变形整理得：$\left|\dfrac{3}{e^2}-1\right|>1$，解得 $1<e<\dfrac{\sqrt{6}}{2}$.

![] 2 利用平面几何知识建立不等关系

例2 已知双曲线 $\dfrac{x^2}{a^2}-\dfrac{y^2}{b^2}=1\,(a>0,b>0)$ 的左右焦点分别为 F_1，F_2，左准线为 L，若在双曲线的左支上存在一点 P，使得 $|PF_1|$ 是 P 到 L 的距离 d 与 $|PF_2|$ 的比例中项，求离心率 e 的取值范围.

解： 由平几知识可得：$|PF_1|+|PF_2|\geqslant|F_1F_2|$.　……　①

---

① 该文发表于《数理化学习》2005，3.

由条件知：$|PF_1|^2 = d|PF_2|$.　　　　…… ②

由双曲线的第一定义知 $|PF_2| - |PF_1| = 2a$.　　…… ③

由双曲线的第二定义知：$|PF_1| = ed$.　　…… ④

由式②、式③、式④解得 $|PF_1| = \dfrac{2a}{e-1}$，$|PF_2| = \dfrac{2ae}{e-1}$，代入式①可得 $1 < e < 1 + \sqrt{2}$.

■ 3　利用已知参数的范围建立不等关系

例 3　如图 1 所示，已知梯形 $ABCD$ 中，$|AB| - 2|CD|$，$\overrightarrow{AE} - \lambda\overrightarrow{EC}$，双曲线过 C、D、E 三点且以 A、B 为焦点，当 $\dfrac{2}{3} \leqslant \lambda \leqslant \dfrac{3}{4}$ 时，求双曲线离心率 e 的取值范围.

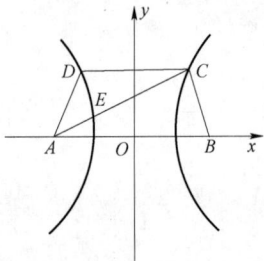

图 1

解：建立如图 1 所示的直角坐标系，设双曲线的方程为 $\dfrac{x^2}{a^2} - \dfrac{y^2}{b^2} = 1$ $(a > 0,\ b > 0)$，$A(-c, 0)$，$B(c, 0)$，$C\left(\dfrac{c}{2}, h\right)$，$E(m, n)$，其中 $c > 0$，$c^2 = a^2 + b^2$. 由定比分点公式得：

$$m = \dfrac{(\lambda - 2)c}{2(1 + \lambda)},\quad n = \dfrac{\lambda h}{1 + \lambda}$$

将 C、E 的坐标代入双曲线的方程得

$$\dfrac{c^2}{4a^2} - \dfrac{h^2}{b^2} = 1 \qquad \cdots\cdots ①$$

$$\dfrac{c^2}{4a^2} \times \dfrac{(\lambda - 2)^2}{(1 + \lambda)^2} - \dfrac{h^2}{b^2} \times \dfrac{\lambda^2}{1 + \lambda^2} = 1 \qquad \cdots\cdots ②$$

由式①得，$\dfrac{h^2}{b^2} = \dfrac{e^2}{4} - 1$，代入式②，化简整理得：$\lambda = 1 - \dfrac{3}{e^2 + 2}$.

由 $\dfrac{2}{3} \leqslant \lambda \leqslant \dfrac{3}{4}$，解得 $\sqrt{7} \leqslant e \leqslant \sqrt{10}$.

4　利用判别式建立不等关系

例4　设 P 是椭圆 $\dfrac{x^2}{a^2}+\dfrac{y^2}{b^2}=1$（$a>b>0$）上的一点，且 $\angle F_1PF_2=90°$，其中 F_1，F_2 是椭圆的两个焦点，求椭圆的离心率的范围.

解：由定义知 $|PF_1|+|PF_2|=2a$，又 $|PF_1|^2+|PF_2|^2=|F_1F_2|^2=4c^2$，则

$(|PF_1|+|PF_2|)^2=|PF_1|^2+|PF_2|^2+2|PF_1|\cdot|PF_2|=4a^2$

于是可得

$$|PF_1|\cdot|PF_2|=2(a^2-c^2)$$

所以 $|PF_1|$，$|PF_2|$ 是方程 $x^2-2ax+2(a^2-c^2)=0$ 的两个实根，则 $\Delta=-4a^2+8c^2\geqslant0$，所以 $e^2\geqslant\dfrac{1}{2}$，$\dfrac{\sqrt{2}}{2}\leqslant e<1$.

5　利用解题过程产生的不等关系

例5　一系列椭圆的左顶点都在抛物线 $y^2=x-1$ 上，它们的长轴都为 4，且都以 y 轴为左准线，求这些椭圆的离心率的范围.

解：如图 2 所示，设椭圆的中心为 $O_1(x_0,y_0)$，则左顶点为 $A(x_0-2,y)$，因左顶点在 $y^2=x-1$ 上，则 $y^2=x_0-3$，显然 $x_0\geqslant3$.

由左准线为 y 轴得：$x_0=\dfrac{a^2}{c}=\dfrac{4}{c}$，可得 $c\leqslant\dfrac{4}{3}$.

所以 $e=\dfrac{c}{a}=\dfrac{c}{2}\leqslant\dfrac{2}{3}$，即 $0<e\leqslant\dfrac{2}{3}$.

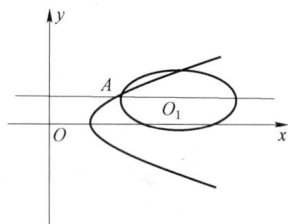

图 2

立几最值的"三化"策略[①]

1 侧面展开，空间最值平面化

例1 三棱锥 $V-ABC$ 的三个侧面顶角都是 $40°$，侧棱长为 a，如图 1 所示，M、N 分别在侧棱 VC、VB 上，求 $\triangle AMN$ 的周长的最小值.

解：如图 2 所示，将三棱锥沿侧棱 VA 展成平面图形，$\angle AVA_1=120°$，$AV=A_1V=a$，由余弦定理易得 $AA_1=\sqrt{3}\,a$.

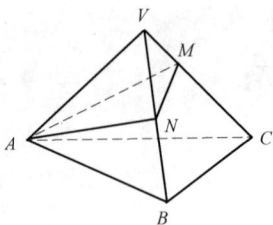

图 1

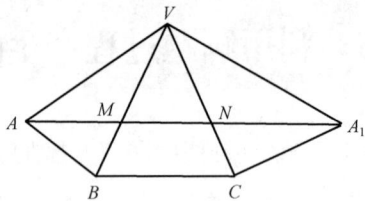

图 2

2 化动为静，最值问题定值化

最值点是变量或动点在运动变化过程中的一个特殊点，如能判断最值点在何时取得，便可将最值问题转化为定值问题.

例2 Rt$\triangle ABC$ 在平面 α 内，直角边 $AC=6$，$BC=8$，点 P 在平面 α 外，PC 与 α 成 $60°$ 角，$PC=4$，求 P 到直线 AB 的距离的最大值、最小值.

解：如图 3 所示，过 P 作 $PM\perp\alpha$ 于 M，则 $\angle PCM=60°$，$CM=4\cos 60°=2$，

① 该文发表于《考试报》2005，2，22.

所以 M 的轨迹是以 C 为圆心，半径是 2 的圆. 又 $PM=4\sin 60°=2\sqrt{3}$，所以只要圆上的点到直线 AB 的距离最大或最小即可. 过 C 作 AB 的垂线，垂足是 D，交圆 C 于 M_1、M_2，易知 $CD=4.8$，$DM_1=6.8$，$DM_2=2.8$，在 $\text{Rt}\triangle PDM_1$ 和 $\text{Rt}\triangle PDM_2$ 中，可解得最大值、最小值分别为 $\dfrac{4}{5}\sqrt{91}$、$\dfrac{4}{5}\sqrt{31}$.

3　建立函数模型，立体最值函数化

3.1　建立目标函数，利用二次函数求解

例 3　（2002 年全国高考题）如图 4 所示，正方形 $ABCD$、$ABEF$ 的边长都是 1，且平面 $ABCD$ 与平面 $ABEF$ 互相垂直，点 M 在 AC 上移动，点 N 在 BF 上移动，若 $CM=BN=a$（$0<a<\sqrt{2}$），当 a 为何值时，MN 的长最小？

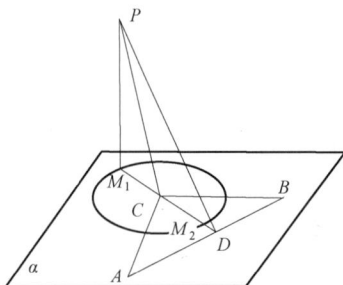

图 3

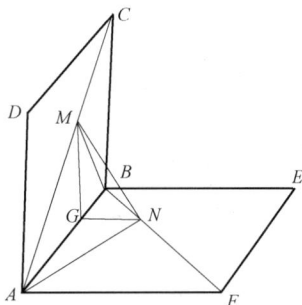

图 4

解：作 $MG\perp$ 平面 AE 于 G，因为平面 $AC\perp$ 平面 AE，所以 G 在 AB 上，连接 GM. 易知 $MG\,/\!/\,BC$，由此可得 $\dfrac{AG}{GB}=\dfrac{AM}{MC}$，又 $\dfrac{AM}{MC}=\dfrac{FN}{NB}$，所以 $\dfrac{AG}{GB}=\dfrac{FN}{NB}$，则 $NG\,/\!/\,AF$.

于是 $\dfrac{MG}{BC}=\dfrac{AM}{AC}=\dfrac{\sqrt{2}-a}{\sqrt{2}}$，$\dfrac{GN}{AF}=\dfrac{BN}{BF}=\dfrac{a}{\sqrt{2}}$，$MN^2=MG^2+NG^2=a^2-\sqrt{2}a+1=\left(a-\dfrac{\sqrt{2}}{2}\right)^2+\dfrac{1}{2}$.

所以，当 $a=\dfrac{\sqrt{2}}{2}$ 时，MN 的最小值为 $\dfrac{\sqrt{2}}{2}$.

3.2　建立目标函数，利用均值不等式求解

例 4　（2001 年上海高考题）用一块钢锭浇铸一个厚度均匀，且全面积为 2 m² 的正四棱锥形有盖容器，设容器的高为 h m，盖子的边长为 a m，设容器的体积为 V，当 h 为何值时 V 最大？

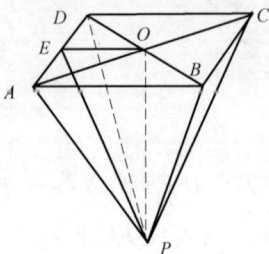

解：如图 5 所示，斜高 $PE = \sqrt{\left(\dfrac{a}{2}\right)^2 + h^2}$，由题意得：

$a^2 + 4 \times \dfrac{1}{2} a \sqrt{\left(\dfrac{a}{2}\right)^2 + h^2} = 2$，解得 $a = \dfrac{1}{\sqrt{1+h^2}}$.

所以 $V = \dfrac{1}{3} \times a^2 h = \dfrac{1}{3} \times \dfrac{h}{1+h^2}$，由 $1+h^2 \geqslant 2h$，得 $V \leqslant \dfrac{1}{6}$，

即体积 V 的最大值为 $\dfrac{1}{6}$，此时 $h=1$.

图 5

3.3　建立目标函数，利用三角函数求解

例 5　二面角 $M\text{-}CD\text{-}N$ 的大小为 $\alpha(0° < \alpha < 90°)$，$A$ 为平面 M 上的一定点，过点 A 作直线 $AB \perp CD$，且 AB 与平面 N 成 30° 角，$B \in$ 平面 N，$\triangle ADC$ 的面积为 1，求 α 为何值时，$\triangle BDC$ 的面积最大，最大值是多少？

解：如图 6 所示，作 $AO \perp$ 平面 N，垂足是 O，连 BO 交 CD 于 E，连接 AE，直线 BO 是直线 AB、AE 在平面 N 上的射影，因为 $CD \perp AB$，所以 $CD \perp BE$，进而 $CD \perp AE$，故 $\angle AEB$ 是二面角 $M\text{-}CD\text{-}N$ 的平面角，且 $\angle ABE$ 是 AB 与平面 N 所成的角. 所以 $\angle AEB=\alpha$，$\angle ABE=30°$.

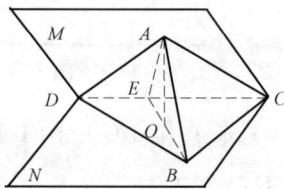

图 6

由 $S_{\triangle ACD} = \dfrac{1}{2} CD \cdot AE = 1$，得 $CD = \dfrac{2}{AE}$，所以 $S_{\triangle BCD} = \dfrac{1}{2} CD \cdot BE = \dfrac{BE}{AE}$.

在 $\triangle ABE$ 中，由正弦定理得，$\dfrac{BE}{AE} = \dfrac{\sin(150° - \alpha)}{\sin 30°} = 2\sin(150° - \alpha)$，所以当 $\alpha=60°$ 时，$S_{\triangle BCD}$ 的最大值是 2.

利用向量求解立几探索性问题^①

用传统的纯几何的方法求解立体几何中的探索性问题，是一个难点，但用空间向量求解，可大大简化思维程序，并具有很强的规律性和可操作性. 本文列举几类常见的立几探索性问题，供参考.

1 垂直问题

例 1 已知平行六面体 $ABCD$-$A_1B_1C_1D_1$ 的底面是菱形，且 $\angle C_1CB=\angle C_1CD=\angle BCD$，当 $\dfrac{CD}{CC_1}$ 的值是多少时，能使 $A_1C\perp$ 平面 C_1BD？

解：如图 1 所示，取向量 $\overrightarrow{CD}=\boldsymbol{a}$，$\overrightarrow{CB}=\boldsymbol{b}$，$\overrightarrow{CC_1}=\boldsymbol{c}$，设 $\dfrac{CD}{CC_1}=\lambda$，则 $|\boldsymbol{a}|=\lambda|\boldsymbol{c}|$，$|\boldsymbol{a}|=|\boldsymbol{b}|$，$\overrightarrow{CA_1}=\boldsymbol{a}+\boldsymbol{b}+\boldsymbol{c}$，$\overrightarrow{BD}=\boldsymbol{a}-\boldsymbol{b}$，$\overrightarrow{C_1D}=\boldsymbol{a}-\boldsymbol{c}$，要使 $A_1C\perp$ 平面 C_1BD，只需 $CA_1\perp C_1D$ 且 $CA_1\perp BD$，即 $\overrightarrow{CA_1}\cdot\overrightarrow{C_1D}=0$ 且 $\overrightarrow{CA_1}\cdot\overrightarrow{BD}=0$.

所以 $(\boldsymbol{a}+\boldsymbol{b}+\boldsymbol{c})\cdot(\boldsymbol{a}-\boldsymbol{c})=0$ $\cdots\cdots$ ①

$(\boldsymbol{a}+\boldsymbol{b}+\boldsymbol{c})\cdot(\boldsymbol{a}-\boldsymbol{b})=0$ $\cdots\cdots$ ②

由式①得：$|\boldsymbol{a}|=|\boldsymbol{c}|$，而式②恒成立，所以 $\lambda=1$，即当 $\dfrac{CD}{CC_1}=1$ 时能使 $A_1C\perp$ 平面 C_1BD.

注：本题用向量的坐标运算也可求解，但运算较繁.

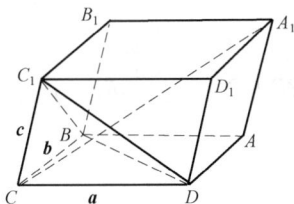

图 1

① 该文发表于《中学数学》2005，7.

2 平行问题

例2（2004 年湖南高考题）如图 2 所示，在底面是菱形的四棱锥 P–$ABCD$ 中，$\angle ABC=60°$，$PA=AC=a$，$PB=PD=\sqrt{2}a$，点 E 在 PD 上，且 $PE{:}ED=2{:}1$.

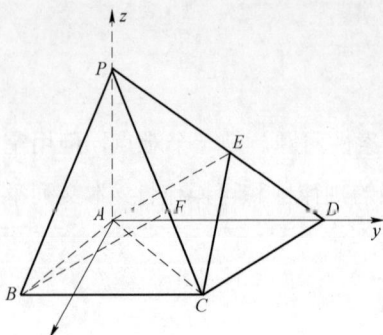

（Ⅰ）证明：$PA\perp$ 平面 $ABCD$；

（Ⅱ）求以 AC 为棱，EAC 与 DAC 为面的二面角的大小；

（Ⅲ）在棱 PC 上是否存在一点 F，使 $BF{/\!/}$ 平面 AEC？证明你的结论.

图 2

解：（Ⅰ）（Ⅲ）略.

（Ⅲ）以 A 为坐标原点，建立如图 2 所示的直角坐标系，$B\left(\dfrac{\sqrt{3}}{2}a,-\dfrac{1}{2}a,0\right)$，$C\left(\dfrac{\sqrt{3}}{2}a,\dfrac{1}{2}a,0\right)$，$D(0,a,0)$，$P(0,0,a)$，$E\left(0,\dfrac{2}{3}a,\dfrac{1}{3}a\right)$.

所以 $\overrightarrow{AE}=\left(0,\dfrac{2}{3}a,\dfrac{1}{3}a\right)$，$\overrightarrow{AC}=\left(\dfrac{\sqrt{3}}{2}a,\dfrac{1}{2}a,0\right)$，$\overrightarrow{AP}=(0,0,a)$，$\overrightarrow{PC}=\left(\dfrac{\sqrt{3}}{2}a,\dfrac{1}{2}a,-a\right)$，$\overrightarrow{BP}=\left(-\dfrac{\sqrt{3}}{2}a,\dfrac{1}{2}a,a\right)$.

设 F 是 PC 上的一点，$\overrightarrow{PF}=\lambda\overrightarrow{PC}=\left(\dfrac{\sqrt{3}}{2}a\lambda,\dfrac{1}{2}a\lambda,-a\lambda\right)$（其中 $0<\lambda<1$），则 $\overrightarrow{BF}=\overrightarrow{BP}+\overrightarrow{PF}=\left(\dfrac{\sqrt{3}}{2}a(\lambda-1),\dfrac{1}{2}a(1+\lambda),a(1-\lambda)\right)$.

令 $\overrightarrow{BF}=x\overrightarrow{AC}+y\overrightarrow{AE}$，得 $\begin{cases}\dfrac{\sqrt{3}}{2}a(\lambda-1)=\dfrac{\sqrt{3}}{2}ax,\\[2mm]\dfrac{1}{2}a(1+\lambda)=\dfrac{1}{2}ax+\dfrac{2}{3}ay,\\[2mm]a(1-\lambda)=\dfrac{1}{3}ay\end{cases}\Rightarrow\begin{cases}\lambda=\dfrac{1}{2},\\[2mm]x=-\dfrac{1}{2},\\[2mm]y=\dfrac{3}{2}.\end{cases}$

所以 $\overrightarrow{BF}=-\dfrac{1}{2}\overrightarrow{AC}+\dfrac{3}{2}\overrightarrow{AE}$ ，由平面向量基本定理得 $\overrightarrow{BF}$ 与 $\overrightarrow{AC}$ 、 $\overrightarrow{AE}$ 共面，所以 $BF /\!/$ 平面 AEC ，此时 $\lambda=\dfrac{1}{2}$ ， F 是 PC 的中点．

■ **3　角度问题**

　　例3　如图 3 所示，棱长为 1 的正方体 $ABCD-A_1B_1C_1D_1$ ， E 是 BC 的中点， F 是棱 CD 上的动点（非 C 、 D 两点），设二面角 C_1-EF-C 的大小为 θ ，试确定 F 点位置，使得 $\cos\theta=\dfrac{1}{3}$ ．

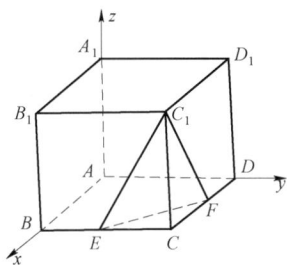
图 3

　　解： 以 A 为坐标原点，建立如图 3 所示的直角坐标系，则 $A_1(0,0,1)$ ， $C_1(1,1,1)$ ， $E\left(1,\dfrac{1}{2},0\right)$ ．

　　设 $F(x,1,0)\,(0<x<1)$ ，易知 $\overrightarrow{C_1E}=\left(0,-\dfrac{1}{2},-1\right)$ ， $\overrightarrow{EF}=\left(x-1,\dfrac{1}{2},0\right)$ ， $\overrightarrow{AA_1}=(0,0,1)$ 是平面 AC 的一个法向量．

　　设 $\boldsymbol{n}=(a,b,c)$ 是平面 C_1EF 的一个法向量，则

$$\boldsymbol{n}\cdot\overrightarrow{C_1E}=0\Rightarrow(a,b,c)\cdot\left(0,-\dfrac{1}{2},-1\right)=0\Rightarrow b=-2c$$

且　 $\boldsymbol{n}\cdot\overrightarrow{EF}=0\Rightarrow\left(x-1,\dfrac{1}{2},0\right)\cdot(a,b,c)\Rightarrow(x-1)a+\dfrac{1}{2}b=0$

可取

$$\boldsymbol{n}=\left(\dfrac{1}{x-1},-2,1\right),\ \cos<\boldsymbol{n},\ \overrightarrow{AA_1}>=\dfrac{\boldsymbol{n}\cdot\overrightarrow{AA_1}}{|\boldsymbol{n}||\overrightarrow{AA_1}|}=\dfrac{1}{\sqrt{\left(\dfrac{1}{x-1}\right)^2+5}}$$

结合条件知可取 $\cos\theta=\cos<\boldsymbol{n}, \overrightarrow{AA_1}>$，故 $\dfrac{1}{\sqrt{\left(\dfrac{1}{x-1}\right)^2+5}}=\dfrac{1}{3}$，解得 $x=\dfrac{1}{2}$，

所以当 F 是 CD 的中点时，$\cos\theta=\dfrac{1}{3}$.

4 距离问题

例4 已知 AB、CD 是夹在两个平行平面 α、β 之间的两条线段，A，$C\in\alpha$，B，$D\in\beta$，$AB\perp CD$，$AB=2$，AB 与 α 成 $30°$ 角，求 CD 长的取值范围.

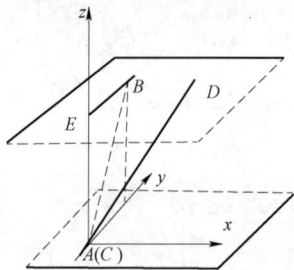

图 4

解：平移 CD 使得 C 与 A 重合，过 A 作 $AE\perp\alpha$，易知两平行平面的距离是 1，以 A 为坐标原点建立如图 4 所示的直角坐标系，不妨取 $B(0, \sqrt{3}, 1)$，设 $D(x, y, 1)$，则 $\overrightarrow{AB}=(0, \sqrt{3}, 1)$，$\overrightarrow{AD}=(x, y, 1)$.

因为 $AB\perp AD$，所以 $\overrightarrow{AB}\cdot\overrightarrow{CD}=(0, \sqrt{3}, 1)\cdot(x, y, 1)=0$，故 $\sqrt{3}y+1=0$，$y=-\dfrac{1}{\sqrt{3}}$.

因为 $D\left(x, -\dfrac{1}{\sqrt{3}}, 1\right)$，所以 $|\overrightarrow{AD}|=\sqrt{x^2+\dfrac{1}{3}+1}=\sqrt{x^2+\dfrac{4}{3}}\geqslant\dfrac{2\sqrt{3}}{3}$.

所以 CD 长的取值范围是 $\left[\dfrac{2\sqrt{3}}{3}, -\infty\right)$.

两边"取"，巧解题[①]

数学解题过程中对于一个等式或不等式的变形，往往是一个关键的步骤，其中巧用两边"取"，犹如添加了"催化剂"，可使问题峰回路转，柳暗花明.

1 两边取对数

例1 在数列 $\{a_n\}$ 中，$a_1=3$，$a_{n+1}=a_n^2$，求数列 $\{a_n\}$ 的通项公式.

解：由题意 $a_n>0$，在 $a_{n+1}=a_n^2$ 两边取以 3 为底的对数，得

$$\log_3 a_{n+1} = \log_3 a_n^2 = 2\log_3 a_n \Rightarrow \frac{\log_3 a_{n+1}}{\log_3 a_n} = 2$$

则 $\{\log_3 a_n\}$ 是以 $\log_3 a_1=1$ 为首项，$q=2$ 为公比的等比数列，所以 $\log_3 a_n = 1 \times 2^{n-1} = 2^{n-1}$，所以 $a_n = 3^{2^{n-1}}$.

例2 已知 m，n 是正整数，且 $1<m<n$，证明：$(1+m)^n>(1+n)^m$.

证明：对所证不等式两边取自然对数，得

$n\ln(1+m)>m\ln(1+n)$，即 $\dfrac{\ln(1+m)}{m} > \dfrac{\ln(1+n)}{n}$，只要证此不等式即可.

令 $f(x)=\dfrac{\ln(1+x)}{x}$，则 $f'(x)=\dfrac{1}{x^2}\left[\dfrac{x}{1+x}-\ln(1+x)\right]$.

当 $x \geqslant 2$ 时，$\dfrac{x}{1+x}<1$，$\ln(1+x)>1$，所以 $f'(x)<0$，所以 $f(x)$ 在 $[2, +\infty)$ 内是减函数.

所以 $\dfrac{\ln(1+m)}{m} > \dfrac{\ln(1+n)}{n}$，即 $(1+m)^n>(1+n)^m$.

① 该文发表于《高中数学教与学》2005，6.

2　两边取倒数

例3　已知函数 $f(x)=\dfrac{x}{x+1}$，数列 $\{a_n\}$ 满足 $a_{n+1}=f(a_n)$，$a_1=2$，求 a_n.

解：易知 $a_{n+1}=\dfrac{a_n}{a_n+1}$，两边取倒数得：$\dfrac{1}{a_{n+1}}=1+\dfrac{1}{a_n}\Rightarrow\dfrac{1}{a_{n+1}}-\dfrac{1}{a_n}=1$.

所以 $\left\{\dfrac{1}{a_n}\right\}$ 是首项为 $\dfrac{1}{a_1}=\dfrac{1}{2}$，公差为 $d=1$ 的等差数列，$\dfrac{1}{a_n}=\dfrac{1}{2}+(n-1)\times1=$

$\dfrac{2n-1}{2}$，所以 $a_n=\dfrac{2}{2n-1}$.

3　两边取模

例4　已知复数 z 满足 $|z|=1$，$z^n+z=1$，求复数 z.

解：$1-z=z^n$，两边取模得 $|1-z|=|z^n|=|z|^n=1$，令 $z=a+bi$，则 $\begin{cases}a^2+b^2=1,\\(1-a)^2+b^2=1,\end{cases}$

解得 $a=\dfrac{1}{2}$，$b=\pm\dfrac{\sqrt{3}}{2}$，所以 $z=\dfrac{1}{2}\pm\dfrac{\sqrt{3}}{2}i$.

4　两边取函数

例5　已知函数 $f(x)$ 满足下列条件：（1）$f\left(\dfrac{1}{2}\right)=1$；（2）$f(x)$ 的值域是 $[-1,1]$；

（3）$f(x)$ 是定义域上的减函数；（4）对于定义域中的任意的 x，y，恒有 $f(xy)=f(x)+f(y)$.

设 $f(x)$ 的反函数为 $f^{-1}(x)$，解不等式 $f^{-1}(x)f^{-1}\left(\dfrac{1}{1-x}\right)\leqslant\dfrac{1}{2}$.

解：在欲解不等式两边取函数，由（3）可得：$f\left[f^{-1}(x)f^{-1}\left(\dfrac{1}{1-x}\right)\right]\geqslant f\left(\dfrac{1}{2}\right)$，

由（4）得：$f[f^{-1}(x)]+f\left[f^{-1}\left(\dfrac{1}{1-x}\right)\right]\geqslant f\left(\dfrac{1}{2}\right)$，即 $x+\dfrac{1}{1-x}\geqslant1$.

解得：$0 \leq x < 1$ 或 $x \geq 2$.

又由（2）得，$-1 \leq x \leq 1$ 且 $-1 \leq \dfrac{1}{1-x} \leq 1$，解得 $-1 \leq x \leq 0$.

所以 $x=0$，即原不等式的解集为 $\{x \mid x=0\}$.

例 6（2004 年浙江高考题）已知 $f(x)$、$g(x)$ 是定义在实数集 **R** 上的函数，若方程 $f[g(x)]=x$ 有实数解，则下列函数中不可能是 $g[f(x)]$ 的是（　　）.

A. $x^2+x-\dfrac{1}{5}$　　　B. $x^2+x+\dfrac{1}{5}$　　　C. $x^2+\dfrac{1}{5}$　　　D. $x^2-\dfrac{1}{5}$

解：设 x_0 是方程 $f[g(x)]=x$ 的实数解，则 $f[g(x_0)]=x_0$，两边取函数 $g(x)$ 得：$g\{f[g(x_0)]\}=g(x_0)$，即 $g(x_0)$ 是方程 $g[f(x)]=x$ 的根.

所以若方程 $f[g(x)]=x$ 有实数解，则方程 $g[f(x)]=x$ 必有实数解.

容易验证只有 $x^2+x+\dfrac{1}{5}=x$ 无实数解，所以选 B.

5　两边取极限

例 7　求值 $A=\sqrt{2\sqrt{2\sqrt{2\sqrt{2\sqrt{2\cdots}}}}}$.

解：设 $A_n=\sqrt{2\sqrt{2\sqrt{2\sqrt{2\sqrt{2\cdots}}}}}$（$n$ 个根号），$A_{n+1}=\sqrt{2\sqrt{2\sqrt{2\sqrt{2\sqrt{2\cdots}}}}}$（$n+1$ 个根号），则 $A_{n+1}=\sqrt{2A_n}$，两边取极限得：$\lim\limits_{n\to\infty}A_{n+1}=\lim\limits_{n\to\infty}\sqrt{2A_n}=\sqrt{2}\lim\limits_{n\to\infty}\sqrt{A_n}$.

因为 $\lim\limits_{n\to\infty}A_{n+1}=\lim\limits_{n\to\infty}A_n=A$，所以 $A=\sqrt{2}\sqrt{A}$，解得 $A=2$.

6　两边取导数

例 8　求和：$1^2+2^2x+3^2x^2+\cdots+n^2x^{n-1}+\cdots$（$0<|x|<1$）.

解：易知 $1+x+x^2+\cdots+x^n+\cdots=\dfrac{1}{1-x}$.

两边求导数得：$1+2x+3x^2+\cdots+nx^{n-1}+\cdots=\dfrac{1}{(1-x)^2}$.

两边同乘 x 得：$x+2x^2+3x^3+\cdots+nx^n+\cdots=\dfrac{x}{(1-x)^2}$.

两边再求导数得：$1+2^2x+3^2x^2+\cdots+n^2x^{n-1}+\cdots=\dfrac{1+x}{(1-x)^3}$.

所以原式 $=\dfrac{1+x}{(1-x)^3}$.

例 9　求和 $\mathrm{C}_n^1+2\mathrm{C}_n^2+3\mathrm{C}_n^3+\cdots+n\mathrm{C}_n^n$ 　$(n\in\mathbf{N}_+)$.

解：对二项式定理 $(1+x)^n=\mathrm{C}_n^0+\mathrm{C}_n^1x+\mathrm{C}_n^2x^2+\cdots+\mathrm{C}_n^nx^n$ 两边求导得：

$$n(1+x)^{n-1}=\mathrm{C}_n^1+2\mathrm{C}_n^2x+3\mathrm{C}_n^3x^2+\cdots+n\mathrm{C}_n^nx^{n-1}$$

令 $x=1$ 得：$\mathrm{C}_n^1+2\mathrm{C}_n^2+3\mathrm{C}_n^3+\cdots+n\mathrm{C}_n^n=n\cdot 2^{n-1}$.

▨ 7　两边取特值

例 10　（2004 年天津高考题）若 $(1-2x)^{2004}=a_0+a_1x+a_2x^2+\cdots+a_{2004}x^{2004}$ $(x\in\mathbf{R})$，则 $(a_0+a_1)+(a_0+a_2)+\cdots+(a_0+a_{2004})=$＿＿＿＿＿＿（用数字作答）.

解：在等式 $(1-2x)^{2004}=a_0+a_1x+a_2x^2+\cdots+a_{2004}x^{2004}$ 两边取 $x=0$ 得：$a_0=1$；取 $x=1$ 得：$a_0+a_1+a_2+\cdots+a_{2004}=(1-2)^{2004}=1$.

所以 $a_1+a_2+\cdots+a_{2004}=0$，所以 $(a_0+a_1)+(a_0+a_2)+\cdots+(a_0+a_{2004})=2004a_0=2004$.

▨ 8　两边平方

例 11　设向量 $\boldsymbol{a}=(\cos x,\sin x)$，$\boldsymbol{b}=(\cos y,\sin y)$，若 $|\sqrt{2}\,\boldsymbol{a}+\boldsymbol{b}|=\sqrt{3}\,|\boldsymbol{a}-\sqrt{2}\,\boldsymbol{b}|$，求 $\cos(x-y)$ 的值.

解：易得 $|\boldsymbol{a}|=1$，$|\boldsymbol{b}|=1$，$\boldsymbol{a}\cdot\boldsymbol{b}=\cos x\cos y+\sin x\sin y=\cos(x-y)$，将 $|\sqrt{2}\,\boldsymbol{a}+\boldsymbol{b}|=\sqrt{3}\,|\boldsymbol{a}-\sqrt{2}\,\boldsymbol{b}|$ 两边平方，整理得：$8\sqrt{2}\,\boldsymbol{a}\cdot\boldsymbol{b}=\boldsymbol{a}^2+5\boldsymbol{b}^2$.

注意到 $\boldsymbol{a}^2=|\boldsymbol{a}|^2=1$，$\boldsymbol{b}^2=|\boldsymbol{b}|^2=1$，得 $\boldsymbol{a}\cdot\boldsymbol{b}=\dfrac{3\sqrt{2}}{8}$，所以 $\cos(x-y)=\dfrac{3\sqrt{2}}{8}$.

解数列题的"+、-、×、÷"技巧[①]

1 "+"的技巧

利用恒等式 $a_n=a_1+(a_2-a_1)+(a_3-a_2)+\cdots+(a_n-a_{n-1})$ 进行变换.

例1 已知数列 $\{a_n\}$ 中 $a_1=0$，$a_{n+1}=a_n+2n-1$，求 a_n.

解： 由 $a_{n+1}=a_n+2n-1$ 得：$a_2-a_1=1$，$a_3-a_2=3$，$a_4-a_3=5$，$\cdots$，$a_n-a_{n-1}=2(n-1)-1=2n-3$，相加得：

$$a_n-a_1=1+3+5+\cdots+(2n-3)=\frac{(n-1)(1+2n-3)}{2}=(n-1)^2$$

$$a_n=(n-1)^2$$

例2 已知数列 $\{a_n\}$，$a_1=3$，$a_n-2a_{n-1}=2\cdot3^{n-1}$（$n\geq2$），求 a_n.

解： 由 $a_n-2a_{n-1}=2\cdot3^{n-1}$，得 $\dfrac{a_n}{2^n}-\dfrac{a_{n-1}}{2^{n-1}}=\left(\dfrac{3}{2}\right)^{n-1}$，累加可得

$$\frac{a_n}{2^n}=\frac{a_1}{2}+\left(\frac{a_2}{2^2}-\frac{a_1}{2}\right)+\cdots+\left(\frac{a_n}{2^n}-\frac{a_{n-1}}{2^{n-1}}\right)$$

$$=\frac{a_1}{2}+\frac{3}{2}+\left(\frac{3}{2}\right)^2+\cdots+\left(\frac{3}{2}\right)^{n-1}$$

$$=\frac{3}{2}+3\times\left(\frac{3}{2}\right)^{n-1}-3=3\times\left(\frac{3}{2}\right)^{n-1}-\frac{3}{2}$$

所以 $a_n=2\cdot3^n-3\cdot2^{n-1}$.

---

① 该文发表于《考试报》2005，8，2.

■ 2 "–" 的技巧

例3 已知数列 $\{a_n\}$、$\{b_n\}$ 中，对于任何正整数 n，都有 $a_1b_n + a_2b_{n-1} + a_3b_{n-2} + \cdots + a_{n-1}b_2 + a_nb_1 = 2^{n+1} - n - 2$，若 $\{a_n\}$ 是首项和公差都为 1 的等差数列，求证：数列 $\{b_n\}$ 是等比数列.

解： 当 $n \geq 2$ 时，$a_1b_n + a_2b_{n-1} + a_3b_{n-2} + \cdots + a_{n-1}b_2 + a_nb_1 = 2^{n+1} - n - 2$. ……①

令 n 为 $n-1$ 得：$a_1b_{n-1} + a_2b_{n-2} + a_3b_{n-3} + \cdots + a_{n-2}b_2 + a_{n-1}b_1 = 2^n - n - 1$. ……②

①－②得：$b_n + b_{n-1} + b_{n-2} + \cdots + b_2 + b_1 = 2^n - 1$. ……③

令 n 为 $n-1$ 得：$b_{n-1} + b_{n-2} + \cdots + b_2 + b_1 = 2^{n-1} - 1$. ……④

③－④得：$b_n = 2^{n-1} (n \geq 2)$.

当 $n=1$ 时，$a_1b_1 = 1, a_1 = 1$，所以 $b_1 = 1$，符合上式.

所以 $b_n = 2^{n-1}$ $(n \in \mathbf{N}_+)$. 易知 $\dfrac{b_{n+1}}{b_n} = 2$，故数列 $\{b_n\}$ 是等比数列.

例4 已知数列 $\{a_n\}$ 中，S_n 是前 n 项的和，$S_n = 2n - a_n$，求 a_n.

解： $S_{n+1} = 2(n+1) - a_{n+1}$ 与 $S_n = 2n - a_n$ 作差得：$2a_{n+1} = 2 + a_n$，……① 于是 $2a_{n+2} = 2 + a_{n+1}$.……②

②－①得 $2(a_{n+2} - a_{n+1}) = a_{n+1} - a_n$，所以 $\{a_{n+1} - a_n\}$ 是以 $\dfrac{1}{2}$ 为公比，$a_2 - a_1 = \dfrac{1}{2}$ 为首项的等比数列，所以 $a_n - a_{n-1} = \dfrac{1}{2}\left(\dfrac{1}{2}\right)^{n-2} = \left(\dfrac{1}{2}\right)^{n-1}$.

$$a_n = a_1 + (a_2 - a_1) + (a_3 - a_2) + \cdots + (a_n - a_{n-1})$$

$$= 1 + \frac{1}{2} + \left(\frac{1}{2}\right)^2 + \cdots + \left(\frac{1}{2}\right)^{n-1}$$

$$= \frac{1 - \left(\dfrac{1}{2}\right)^n}{1 - \dfrac{1}{2}} = 2 - \left(\frac{1}{2}\right)^{n-1}$$

3 "×" 的技巧

利用恒等式 $a_n = a_1 \times \dfrac{a_2}{a_1} \times \dfrac{a_3}{a_2} \times \cdots \times \dfrac{a_n}{a_{n-1}}$ 进行变换.

例 5 已知数列 $\{a_n\}$ 中,$a_1 = 7$,$a_{n+1} = 7^{n+1} a_n$,求 a_n.

解: $\dfrac{a_{n+1}}{a_n} = 7^{n+1}$,累乘可得:

$$a_n = a_1 \times \frac{a_2}{a_1} \times \frac{a_3}{a_2} \times \cdots \times \frac{a_n}{a_{n-1}}$$

$$= 7 \times 7^2 \times 7^3 \times \cdots \times 7^n$$

$$= 7^{1+2+\cdots+n} = 7^{\frac{n(n+1)}{2}}$$

例 6 已知数列 $\{a_n\}$ 中,$a_1 = 1$,S_n 是前 n 项的和,当 $n \geq 2$ 时,$(n^2-1)a_n = S_{n-1}$,求 S_n.

解: 将 $a_n = S_n - S_{n-1}$ 代入 $(n^2-1)a_n = S_{n-1}$ 得:$(n^2-1)S_n - (n^2-1)S_{n-1} = S_{n-1}$,即 $(n^2-1)S_n = n^2 S_{n-1}$,可得 $\dfrac{S_n}{S_{n-1}} = \dfrac{n^2}{n^2-1}$ ($n \geq 2$).

所以 $S_n = \dfrac{S_n}{S_{n-1}} \times \dfrac{S_{n-1}}{S_{n-2}} \times \cdots \times \dfrac{S_2}{S_1} \times S_1$

$$= \frac{n^2}{n^2-1} \times \frac{(n-1)^2}{(n-1)^2-1} \times \cdots \times \frac{3^2}{3^2-1} \times \frac{2^2}{2^2-1} \times 1 = \frac{2n}{n+1}$$

4 "÷" 的技巧

例 7 已知数列 $\{a_n\}$ 的相邻两项 a_n, a_{n+1} 是方程 $x^2 - c_n x + \left(\dfrac{1}{3}\right)^n = 0$ 的两根,$a_1 = 2$,求无穷数列 $\{c_n\}$ 的各项的和.

解： 由条件可得 $a_n a_{n+1}=\left(\dfrac{1}{3}\right)^n$，则 $a_{n+1}a_{n+2}=\left(\dfrac{1}{3}\right)^{n+1}$，两式相除得：$\dfrac{a_{n+2}}{a_n}=\dfrac{1}{3}$.

所以 a_1，a_3，a_5，…，a_{2n-1}，…和 a_2，a_4，a_6，…，a_{2n}，… 都是以 $q=\dfrac{1}{3}$ 为

公比的等比数列，$a_1=2$，$a_2=\dfrac{1}{6}$.

又 $c_n=a_n+a_{n+1}$，所以

$$S=c_1+c_2+\cdots+c_n+\cdots$$

$$=(a_1+a_2)+(a_2+a_3)+\cdots+(a_n+a_{n+1})+\cdots$$

$$=2(a_1+a_3+a_5+\cdots)+2(a_2+a_4+a_6+\cdots)-a_1$$

$$=2\times\dfrac{2}{1-\dfrac{1}{3}}+2\times\dfrac{\dfrac{1}{6}}{1-\dfrac{1}{3}}-2=\dfrac{9}{2}$$

例 8 已知数列 $\{a_n\}$ 的前 n 项和为 S_n，满足 $a_n+2S_n\cdot S_{n-1}=0$（$n\geq2$），$a_1=\dfrac{1}{2}$，

求 a_n 的表达式.

解： 将 $a_n=S_n-S_{n-1}$ 代入 $a_n+2S_n\cdot S_{n-1}=0$ 中得：$S_n-S_{n-1}+2S_n\cdot S_{n-1}=0$，两边同

除 S_nS_{n-1} 得：$\dfrac{1}{S_n}-\dfrac{1}{S_{n-1}}=2$，故 $\left\{\dfrac{1}{S_n}\right\}$ 是以 2 为首项，2 为公差的等差数列.

所以 $\dfrac{1}{S_n}=2+(n-1)\times2=2n$，$S_n=\dfrac{1}{2n}$，则

$$a_n=\begin{cases}S_1,&(n=1)\\S_n-S_{n-1}&(n\geq2)\end{cases}=\begin{cases}\dfrac{1}{2}&(n=1),\\[2mm]\dfrac{1}{2}\left(\dfrac{1}{n}-\dfrac{1}{n-1}\right)&(n\geq2).\end{cases}$$

三角求值的取舍[①]

先看一题：

例 1   在 $\triangle ABC$ 中，$3\sin A+4\cos B=6$ 且 $3\cos A+4\sin B=1$，则角 C 的大小为

_____.

分析：两边平方相加得：$\sin (A+B)=\dfrac{1}{2}$，即 $\sin C=\dfrac{1}{2}$.

因为 C 为三角形的内角，所以 $C=30°$ 或 $150°$，是取 $30°$ 还是取 $150°$，或者二者都取，这涉及三角求值时多值的取舍. 解决此类问题，稍有不慎，就可能出错，下面举例说明取舍的思考方向.

1   分离反控

如上例，由 $3\cos A+4\sin B=1$，得 $1-3\cos A=4\sin B>0$，所以 $\cos A<\dfrac{1}{3}<\dfrac{1}{2}$，$A>60°$，所以取 $C=30°$.

例 2   设 α，β 都是锐角，且 $5\sin \alpha-3\cos \beta=\sin \beta$，$5\sin \beta-3\cos \alpha=\sin \alpha$，求 $\tan (\alpha+\beta)$ 的值.

分析：两式相减，得 $\sin \dfrac{\alpha-\beta}{2}=0$ 或 $\tan \dfrac{\alpha+\beta}{2}=2$.

由 $5\sin \alpha-3\cos \alpha=\sin \beta$，得 $5\sin \alpha=\sqrt{10}\sin (\beta+\varphi)$，故 $\sin \alpha\leqslant\dfrac{\sqrt{10}}{5}<\dfrac{\sqrt{2}}{2}$，所以 $\alpha<\dfrac{\pi}{4}$.

---

① 该文发表于《中学生数理化》高中版 2002，7−8.

同理 $\beta<\dfrac{\pi}{4}$，所以 $\alpha+\beta<\dfrac{\pi}{2}$，$\tan\dfrac{\alpha+\beta}{2}<1$. 故 $\tan\dfrac{\alpha+\beta}{2}=2$ 不可能. 于是 $\sin\dfrac{\alpha-\beta}{2}=0$，所以 $\alpha=\beta$.

代入得 $5\sin\alpha-3\cos\beta=\sin\beta$，得 $\tan\alpha=\dfrac{3}{4}$，$\tan(\alpha+\beta)=\tan2\alpha=\dfrac{24}{7}$.

在条件等式中隐含着变量之间的制约关系，从中分离出 $\sin\alpha$ 或 $\sqrt{10}\sin(\beta+\varphi)$，利用 $\sin(\beta+\varphi)\leqslant1$，求出角 α 的取值范围，达到取舍的目的.

2 大小控制

例3 已知 $\cos\alpha=\dfrac{\sqrt{5}}{5}$，$\cos\beta=\dfrac{\sqrt{10}}{10}$，且 α，β 都是锐角，求 $\alpha+\beta$ 的值.

分析：易知 $\sin(\alpha+\beta)=\sin\alpha\cos\beta+\cos\alpha\sin\beta=\dfrac{\sqrt{2}}{2}$，因为 α，β 是锐角，所以 $\alpha+\beta=\dfrac{\pi}{4}$ 或 $\dfrac{3\pi}{4}$.

由 $\cos\dfrac{\pi}{4}>\cos\alpha>\cos\beta$，知 $\beta>\alpha>\dfrac{\pi}{4}$，所以 $\alpha+\beta>\dfrac{\pi}{4}$，$\alpha+\beta=\dfrac{3\pi}{4}$.

例4 已知 α，β 都是锐角，$\sin\alpha=\dfrac{2\sqrt{5}}{5}$，$\sin(\alpha+\beta)=\dfrac{3}{5}$，求 $\cos\beta$ 的值.

分析：因为 $\sin\alpha>\sin(\alpha+\beta)$，所以 $\alpha+\beta$ 是钝角，故 $\cos(\alpha+\beta)=\sqrt{1-\sin^2(\alpha+\beta)}=\dfrac{4}{5}$，于是 $\cos\beta=\cos[(\alpha+\beta)-\alpha]=\dfrac{2\sqrt{5}}{5}$.

例5 已知 $\tan(\alpha-\beta)=\dfrac{1}{2}$，$\tan\beta=-\dfrac{1}{7}$，且 α，$\beta\in(0,\pi)$，求 $2\alpha-\beta$.

分析：$\tan2(\alpha-\beta)=\dfrac{2\tan(\alpha-\beta)}{1-\tan^2(\alpha-\beta)}=\dfrac{4}{3}$，$\tan(2\alpha-\beta)=\tan[2(\alpha-\beta)+\beta]=\cdots=1$.

因为 $0<\alpha<\pi$，$-\pi<-\beta<0$，所以 $-\pi<2\alpha-\beta<2\pi$，于是 $2\alpha-\beta=-\dfrac{3\pi}{4}$，$\dfrac{\pi}{4}$，$\dfrac{5\pi}{4}$.

但此结论显然不会令人信服！需要缩小 α，β 的范围.

由 $-1<\tan\beta=-\dfrac{1}{7}<0$ 知，$\dfrac{3\pi}{4}<\beta<\pi$，$-\pi<-\beta<-\dfrac{3\pi}{4}$，可得 $-\pi<2\alpha-\beta<\dfrac{5\pi}{4}$.

于是 $2\alpha-\beta=-\dfrac{3\pi}{4}$，$\dfrac{\pi}{4}$．

此时似乎可以下结论了，其实不然，请再看：

因为 $\tan\alpha=\tan[(\alpha-\beta)+\beta]=\cdots=\dfrac{1}{3}<1$，所以 $0<\alpha<\dfrac{\pi}{4}$，又因为 $\dfrac{3\pi}{4}<\beta<\pi$，所以 $-\pi<2\alpha-\beta<-\dfrac{\pi}{4}$，所以正确答案应为 $2\alpha-\beta=-\dfrac{3\pi}{4}$．

α，β 的范围隐含得如此之深，对思维的深刻性提出了较高的要求．

3　反面否定

又析例 2：若 $\tan\dfrac{\alpha+\beta}{2}=2$，那么 $\dfrac{\alpha+\beta}{2}>\dfrac{\pi}{4}$，$\alpha+\beta>\dfrac{\pi}{2}$，所以 $\beta>\dfrac{\pi}{2}-\alpha$，$\sin\beta>\cos\alpha$．

由 $5\sin\beta-3\cos\alpha=\sin\alpha$，得 $\sin\alpha>2\cos\alpha$，所以 $\tan\alpha>2$，$\alpha>\arctan 2$，同理 $\beta>\arctan 2$，所以 $\alpha+\beta>2\arctan 2$；另一方面由 $\tan\dfrac{\alpha+\beta}{2}=2$，得 $\alpha+\beta=2\arctan 2$，二者矛盾．

总之，只要牢固树立取舍意识，充分挖掘题目中的隐含条件，控制角的有效范围，就可以成功破解多值问题．

类比练习：（1）已知 $-\dfrac{\pi}{2}<\alpha<\dfrac{\pi}{2}$，$-\dfrac{\pi}{2}<\beta<\dfrac{\pi}{2}$，且 $\tan\alpha$，$\tan\beta$ 是方程 $x^2-3x+4=0$ 的两个根，求 $\alpha+\beta$ 的值．

（2）$\triangle ABC$ 中，三个内角 A，B，C 的对边分别为 a，b，c，已知 $a^2+c^2=b^2+ac$ 且 $\dfrac{a}{c}=\dfrac{\sqrt{3}+1}{2}$，求 $\angle C$ 的大小．

答案：（1）$\dfrac{2\pi}{3}$；（2）$45°$．

数学问题1517题[①]

题目：已知 E，F 是四面体 $ABCD$ 的棱 AB，CD 的中点，过 E，F 的平面分别交棱 AC，BD 于点 G，H，求证：EF 平分 GH.

证明：取 BC 的中点 M，连接 ME，MF，设 ME 交 BG 于 N，EF 交 GH 于 O.

因为 $ME /\!/ AC$，$BM=MC$，所以 $BN=NG$.

因为 $MF /\!/ BD$，$BD \subset$ 平面 BGH，所以 $MF /\!/$ 平面 BGH.

又平面 $BGH \cap$ 平面 $EMF=ON$，所以 $ON /\!/ MF$，于是 $ON /\!/ BH$.

又因为在 $\triangle BGH$ 中，$BN=NG$，所以 $GO=ON$.

所以，EF 平分 GH.

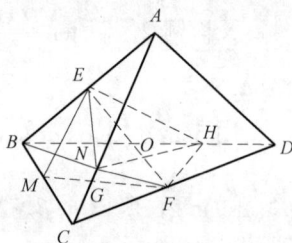

图1

---

① 自编题，发表于《数学通报》2004，11.

圆锥曲线中的数学和物理①

1 圆锥曲线的光学性质

（1）从椭圆的一个焦点发出的光线，经过椭圆反射后，反射光线交于椭圆的另一个焦点上.

（2）从双曲线的一个焦点发出的光线，经过椭圆反射后，反射光线是发散的，但反射光线的反向延长线交于双曲线的另一个焦点上（它们就好像是从另一个焦点射出的一样）.

（3）从抛物线的焦点发出的光线，经过抛物线反射后，反射光线平行于抛物线的对称轴.

以下以椭圆为例给出证明. 先证明如下结论：

过椭圆 $\dfrac{x^2}{a^2}+\dfrac{y^2}{b^2}=1$ 上一点 $P(x_0,y_0)$ 的椭圆的切线方程是：$\dfrac{x_0 x}{a^2}+\dfrac{y_0 y}{b^2}=1$.

设过 $P(x_0,y_0)$ 的切线方程为：$y-y_0=k(x-x_0)$，代入椭圆方程得：

$$(b^2+a^2k^2)x^2+(-2k^2a^2x_0+2ka^2y_0)x+a^2k^2x_0^2-2ka^2x_0y_0-b^2x_0^2=0$$

因为 $a^2y_0^2+b^2x_0^2=a^2b^2$，所以 $a^2y_0^2-a^2b^2=-b^2x_0^2$.

由判别式等于 0，得 $k^2a^4y_0^2+2ka^2b^2x_0y_0+b^4x_0^2=0$，于是 $(ka^2y_0+b^2x_0)^2=0$，

所以 $k=-\dfrac{b^2x_0}{a^2y_0}$.

所以切线方程是 $y-y_0=-\dfrac{b^2x_0}{a^2y_0}(x-x_0)$，即 $\dfrac{x_0 x}{a^2}+\dfrac{y_0 y}{b^2}=1$.

---

① 本文发表于《数理天地》2002，2.

2　椭圆光学性质的证明

证明： 如图 1 所示，设 $P(x_0, y_0)$ 是椭圆 $\dfrac{x^2}{a^2} + \dfrac{y^2}{b^2} = 1$ 上一点，过 P 的切线方程

为：$\dfrac{x_0 x}{a^2} + \dfrac{y_0 y}{b^2} = 1$，即 $b^2 x_0 x + a^2 y_0 y - a^2 b^2 = 0$，易知 $\tan\theta = -\dfrac{b^2 x_0}{a^2 y_0}$，$\tan\theta_1 = \dfrac{y_0}{x_0 + c}$，

$\tan\theta_2 = \dfrac{y_0}{x_0 - c}$.

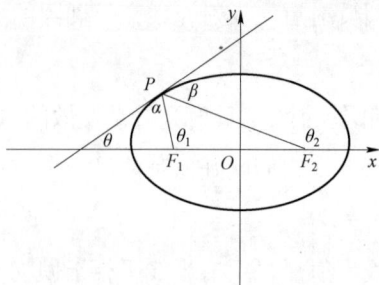

图 1

一方面，由 $\alpha = \theta_1 - \theta$ 得：

$$\tan\alpha = \tan(\theta_1 - \theta) = \frac{\tan\theta_1 - \tan\theta}{1 + \tan\theta\tan\theta_1} =$$

$$\frac{\dfrac{y_0}{x_0 + c} + \dfrac{b^2 x_0}{a^2 y_0}}{1 - \dfrac{b^2 x_0}{a^2 y_0} \times \dfrac{y_0}{x_0 + c}} = \frac{b^2}{cy_0}$$

另一方面，由 $\beta = \theta + (\pi - \theta_2) = \pi + (\theta - \theta_2)$，得

$\tan\beta = \tan(\theta - \theta_2)$，即

$$\tan\beta = \frac{\tan\theta - \tan\theta_2}{1 + \tan\theta\tan\theta_2} = \cdots = \frac{b^2}{cy_0}.$$ 可见 $\tan\alpha = \tan\beta$，所以 $\alpha = \beta$.

光线总是沿着直线传播的，并且沿最短路径传播. 利用这一点和圆锥曲线的光学性质，可以巧解一类最值问题.

例 1　已知 F_1 为椭圆 $\dfrac{x^2}{25} + \dfrac{y^2}{9} = 1$ 的左焦点，点 $A(2, 2)$ 是椭圆内一点，P 是椭圆上一点，求 $|PA| + |PF_1|$ 的最小值.

解： 由椭圆的光学性质可知，从椭圆一个焦点发出的光线经椭圆反射后必经过另一个焦点，且光程最短. 故取从 F_1 发出的经椭圆反射后经过点 A 的光线，反射点 P 可使得 $|PA| + |PF_1|$ 的值最小. 此时 P 为直线 $F_2 A$ 与椭圆的交点，所以最小值为 $2a - |AF_2| = 10 - 2\sqrt{2}$.

例 2　已知 F_2 为双曲线 $\dfrac{x^2}{9} - \dfrac{y^2}{16} = 1$ 的右焦点，点 $A(4, 1)$ 是双曲线内一点，P

是双曲线上一点，求$|PA|+|PF_2|$的最小值.

解： 由双曲线的光学性质可知，从双曲线一个焦点发出的光线经双曲线反射后变成发散光线，但发散光线的反向延长线必经过另一个焦点. 故取从 F_2 发出的、经双曲线反射后经过点 A 的光线，因为光线经过直线路径前进，故反射点 P 可使得$|PA|+|PF_2|$的值最小. 此时 P 为直线 F_1A 与双曲线的另一个交点.最小值为：

$$|PA|+|PF_2|=|AF_1|-|PF_1|+|PF_2|=|AF_1|-(|PF_1|-|PF_1|)=|AF_1|-2a=\sqrt{82}-6$$

例 3 已知 F 为抛物线 $y^2=4x$ 的焦点，点 $A(2,2)$ 是抛物线内一点，P 是抛物线上一点，求$|PA|+|PF|$的最小值.

解： 由抛物线的光学性质可知，从抛物线焦点发出的光线经反射后变成平行光线（平行于抛物线的对称轴）.故取从 F 发出的、经抛物线反射后经过点 A 的光线，因为光线经过直线路径前进，故反射点 P 可使得$|PA|+|PF|$的值最小.此时 PA 平行于 x 轴，结合抛物线的性质可得最小值$|PA|+|PF|=3$.

求异面直线所成角的方法一览[①]

题目 在棱长为 a 的正四面体 $ABCD$ 中，点 E，F 分别是 BC，AD 的中点，求异面直线 DE 和 CF 所成角的余弦值.

1 紧扣定义，作角计算

解 1： 如图 1 所示，连接 AE，取 AE 的中点 G，连接 GF，在 $\triangle ADE$ 中可知 $GF /\!/ ED$，所以 $\angle CFG$ 是 DE 和 CF 所成的角（或补角）.

在 $\mathrm{Rt}\triangle CEG$ 中，$CG^2 = EC^2 + GE^2 = \dfrac{7}{16}a^2$，又 $CF = \dfrac{\sqrt{3}}{2}a$，$GF = \dfrac{1}{2}DE = \dfrac{\sqrt{3}}{4}a$，在 $\triangle CFG$ 中，由余弦定理得 $\cos\angle CFG = \dfrac{2}{3}$，所以 DE 和 CF 所成角的余弦值为 $\dfrac{2}{3}$.

解 2： 如图 2 所示，过 C 作 DE 的平行线，交 BD 的延长线于 G，连接 FG，则 $\angle FCG$ 是 DE 和 CF 所成的角（或补角）.

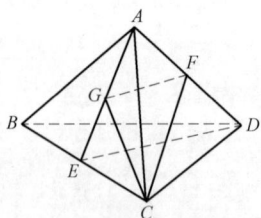 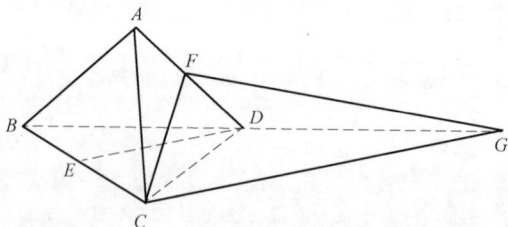

图 1   图 2

注意到 $\angle FDG = 120°$，$DG = DB = a$，$CG = 2DE$，在 $\triangle FCG$ 中不难求解，下略.

---

① 该文发表于《数理天地》2017，12.

点评：以上两种解法紧扣定义，作角计算.作角往往并不困难，但接下来的计算密切依赖于作角的方式，用纯几何的方法有时甚至是难以奏效的，参见解 3、解 4.

2 向量介入，珠联璧合

解 3：如图 3 所示，分别取 FD、EC、CD 的中点 M、N、G，连接 MN、NG、MG，易知 $NG /\!/ ED$，$MG /\!/ FC$，所以 $\angle MGN$ 是 DE 和 CF 所成的角（或补角）.

易知 $MG = NG = \dfrac{\sqrt{3}}{4}a$，且 $<\overrightarrow{MD}, \overrightarrow{DC}> = 120°$， $<\overrightarrow{DC}, \overrightarrow{CN}> = 120°$，

$<\overrightarrow{MD}, \overrightarrow{CN}> = 90°$.

因为 $\overrightarrow{MN} = \overrightarrow{MD} + \overrightarrow{DC} + \overrightarrow{CN}$，所以 $\overrightarrow{MN}^2 = \overrightarrow{MD}^2 + \overrightarrow{DC}^2 + \overrightarrow{CN}^2 +$

$2|\overrightarrow{MD}||\overrightarrow{DC}|\cos 120° + 2|\overrightarrow{DC}||\overrightarrow{CN}|\cos 120° + 2|\overrightarrow{MD}||\overrightarrow{CN}|\cos 90° = \dfrac{5}{8}a^2$.

在 $\triangle MNG$ 中，$\cos \angle MGN = -\dfrac{2}{3}$，所以 DE 和 CF 所成角的余弦值为 $\dfrac{2}{3}$.

解 4：如图 4 所示，过 C 作 ED 的平行线，过 D 作 EC 的平行线，二者交于 G，连接 FG，则 $\angle FCG$ 是 DE 和 CF 所成的角（或补角）.

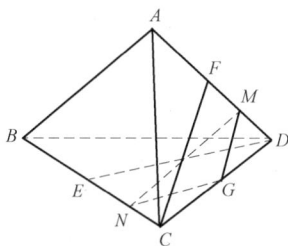

图 3

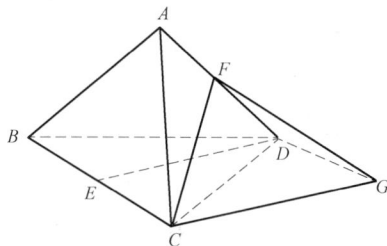

图 4

易知 $CF = CG = \dfrac{\sqrt{3}}{2}a$，$\cos \angle FED = \dfrac{\sqrt{6}}{3}$，$FE = \dfrac{\sqrt{2}}{2}a$，$EC = \dfrac{1}{2}a$，$CG = \dfrac{\sqrt{3}}{2}a$，

$<\overrightarrow{FE}, \overrightarrow{EC}> 90°$， $<\overrightarrow{EC}, \overrightarrow{CG}> = 90°$， $<\overrightarrow{FE}, \overrightarrow{CG}> = <\overrightarrow{FE}, \overrightarrow{ED}>$.

因为 $\overrightarrow{FG} = \overrightarrow{FE} + \overrightarrow{EC} + \overrightarrow{CG}$，所以 $|\overrightarrow{FG}|^2 = \overrightarrow{FG}^2 = \overrightarrow{FE}^2 + \overrightarrow{EC}^2 + \overrightarrow{CG}^2 + 2\overrightarrow{FE} \cdot \overrightarrow{EC} +$

$$2\overrightarrow{EC} \cdot \overrightarrow{CG} + 2\overrightarrow{CG} \cdot \overrightarrow{FE} = \frac{1}{2}a^2.$$

在 $\triangle FCG$ 中，$\cos \angle FCG = \frac{2}{3}$，下略.

点评： 解3、解4中，容易做出两条异面直线所成的角，但在计算时，用纯几何的方法求 MN 和 FG，就相当困难了，甚至是不可能完成的.向量的介入，化难为易，体现了它的优越性.

3 纯向量法，独当一面

解5： 设 O 为 $\triangle BCD$ 的中心，过 O 作 BC 的平行线，建立如图5所示的空间直角坐标系，易知 $OD = \frac{2}{3}DE = \frac{\sqrt{3}}{3}a$，$OE = \frac{\sqrt{3}}{6}a$，$AO = \frac{\sqrt{6}}{3}a$，所以，

$$C\left(\frac{1}{2}a, -\frac{\sqrt{3}}{6}a, 0\right)，\quad E\left(0, -\frac{\sqrt{3}}{6}a, 0\right)，\quad D\left(0, \frac{\sqrt{3}}{3}a, 0\right)，\quad A\left(0, 0, \frac{\sqrt{6}}{3}a\right)，$$

$$F\left(0, \frac{\sqrt{3}}{6}a, \frac{\sqrt{6}}{6}a\right).$$

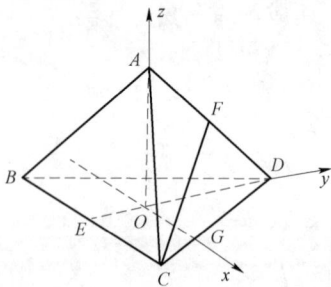

图 5

于是 $\overrightarrow{ED} = \left(0, \frac{\sqrt{3}}{2}a, 0\right)$，$\overrightarrow{CF} = \left(-\frac{1}{2}a, \frac{\sqrt{3}}{3}a, \frac{\sqrt{6}}{6}a\right)$，

$$|\overrightarrow{ED}| = |\overrightarrow{CF}| = \frac{\sqrt{3}}{2}a.$$

所以 $\cos <\overrightarrow{ED}, \overrightarrow{CF}> = \dfrac{\overrightarrow{ED} \cdot \overrightarrow{CF}}{|\overrightarrow{ED}| \cdot |\overrightarrow{CF}|} = \dfrac{2}{3}$，下略.

解6： 因为 $\overrightarrow{CF} = \frac{1}{2}(\overrightarrow{CA} + \overrightarrow{CD})$，$\overrightarrow{DE} = \frac{1}{2}(\overrightarrow{DC} + \overrightarrow{DB})$，$DE = CF = \frac{\sqrt{3}}{2}a$，$\overrightarrow{CA} \perp \overrightarrow{DB}$，所以

$$\overrightarrow{CF} \cdot \overrightarrow{DE} = \frac{1}{4}(\overrightarrow{CA} \cdot \overrightarrow{DC} + \overrightarrow{CA} \cdot \overrightarrow{DB} + \overrightarrow{CD} \cdot \overrightarrow{DC} + \overrightarrow{CD} \cdot \overrightarrow{DB})$$

$$= \frac{1}{4}(a^2 \cos 120° + 0 - a^2 + a^2 \cos 120°)$$

$$= -\frac{1}{2}a^2$$

于是，$\cos<\overrightarrow{DE},\overrightarrow{CF}> = \dfrac{-\dfrac{1}{2}a^2}{\dfrac{\sqrt{3}}{2}a\times\dfrac{\sqrt{3}}{2}a} = -\dfrac{2}{3}$，所以 DE 和 CF 所成角的余弦值

为 $\dfrac{2}{3}$.

点评：向量既有几何运算的灵活性，又有代数运算的易操作性，充分合理应用向量知识，可简化思维程序，拓宽解题渠道. 解 5 应用向量的代数运算，解 6 应用向量的几何运算，各有千秋，各领风骚. 在解 6 中，抓住三角形中线的向量性质，直接作数量积，无须任何辅助线，何乐而不为！

4 奇思妙想，构造求解

解 7：构造如图 6 所示的正方体，其棱长为 $\dfrac{\sqrt{2}}{2}a$，将原正四面体 $ABCD$ 视为其中的一部分.

易知 $ME\,/\!/\,FC$，所以 $\angle MED$ 是 DE 和 CF 所成的角（或补角）.可求得 $DE=ME=\dfrac{\sqrt{3}}{2}a$.

在 $\triangle DME$ 中，$\cos\angle MED=\dfrac{2}{3}$，下略.

点评：注意到正四面体与正方体的特殊关系，将正四面体补成正方体，在一个大的背景下看问题，思维更灵活，起到了事半功倍之效.

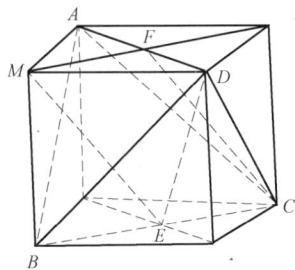

图 6

第四部分
教学指导篇

"一撇一捺"，搞定指数函数的图像^①

指数函数的图像是解决指数函数问题的重要工具．当底数 $a>1$ 时，$y=a^x$ 的图像特征是"一撇"；当底数 $0<a<1$ 时，$y=a^x$ 的图像特征是"一捺".

1 图像应用

1.1 "一撇一捺"，单增单减

当底数 $a>1$ 时，$y=a^x$ 在其定义域内是单调增函数，图像特征可以形象地视为"一撇"；当底数 $0<a<1$ 时，$y=a^x$ 在其定义域内是单调减函数，图像特征可以形象地视为"一捺".

例1 比较下列各题中两个值的大小.

（1）$1.9^{-2.5}$ 与 $1.9^{-2.1}$；　　　　（2）$\left(\dfrac{1}{7}\right)^{3.15}$ 与 $7^{-\pi}$；

（3）$1.5^{0.3}$ 与 $0.9^{7.4}$；　　　　（4）$0.4^{0.5}$ 与 $0.6^{0.3}$.

解析：（1）考查函数 $y=1.9^x$，由于 $1.9>1$，因此 $y=1.9^x$ 在 $(-\infty,+\infty)$ 内是增函数．因为 $-2.5<-2.1$，所以 $1.9^{-2.5}<1.9^{-2.1}$.

（2）$7^{-\pi}=\left(\dfrac{1}{7}\right)^{\pi}$，考查函数 $y=\left(\dfrac{1}{7}\right)^x$，由于 $\dfrac{1}{7}<1$，因此 $y=\left(\dfrac{1}{7}\right)^x$ 在 $(-\infty,+\infty)$ 内是减函数．因为 $3.15>\pi$，所以 $\left(\dfrac{1}{7}\right)^{3.15}<\left(\dfrac{1}{7}\right)^{\pi}$，即 $\left(\dfrac{1}{7}\right)^{3.15}<7^{-\pi}$.

① 该文发表于《数理天地》2017，9.

（3）借助指数函数 $y=1.5^x$ 和 $y=0.9^x$ 的图像可知，$1.5^{0.3}>1.5^0=1$，$0.9^{7.4}<0.9^0=1$，所以 $1.5^{0.3}>0.9^{7.4}$.

（4）考查函数 $y=0.4^x$ 的图像，可得，$0.4^{0.5}<0.4^{0.3}$，又因为 $0.4^{0.3}<0.6^{0.3}$，所以 $0.4^{0.5}<0.6^{0.3}$.

点评：（1）（2）两小题中给出的幂的底数相同，或能够化为相同的底数，因此可以直接利用指数函数的图像和性质来做出判断.（3）（4）两小题中两个幂的底数不同，指数也不同，这时可以选择一个适当的中间值，先将它们与中间值进行比较，然后确定这两个幂值的大小.（3）中的"1"和（4）中的"$0.4^{0.3}$"这两个中间值起到了沟通两数的桥梁作用.

1.2 "一撇一捺"，底大图高

在同一直角坐标系内，若干指数函数的图像有什么区别呢？

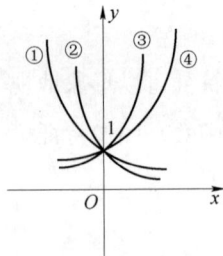

例 2 图 1 是指数函数 ① $y=a^x$，② $y=b^x$，③ $y=c^x$，④ $y=d^x$ 的图像，则 a，b，c，d 的大小关系是（　　）.

A. $a<b<1<c<d$

B. $b<a<1<d<c$

C. $1<a<b<c<d$

D. $a<b<1<d<c$

图1

解析：仔细研究指数函数的图像不难发现，第一象限内底数越大，图像越靠上，即画一条竖线 $x=m$（$m>0$），图像与该竖线的交点越靠上，底数越大. 所以选 B. 又如：

例 3 比较 $0.4^{0.5}$ 与 $0.6^{0.3}$ 的大小.

解析：作出 $y=0.4^x$ 与 $y=0.6^x$ 的图像，如图 2 所示，第一象限内 $y=0.6^x$ 的图像靠上. $y=0.6^x$ 的图像与直线 $x=0.3$ 的交点为 M，$y=0.4^x$ 的图像与直线 $x=0.5$ 的交点为 N，显然 M 在 N 的上方，所以 $0.6^{0.3}>0.4^{0.5}$.

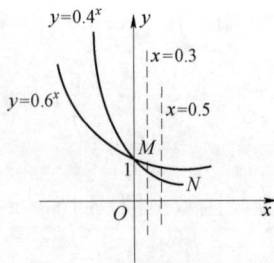

点评：两道例题印证了解决问题的关键是：要把握好指数函数在第一象限内"底大图高"的图像特征.

图2

2 图像变换——"一撇一捺"，折转挪移

将指数函数的图像经过平移、对称、翻折等变换，别有一番风采.

2.1 平移变换

例 4 为了得到函数 $y = 3^{x-1} + 3$ 的图像，可以把函数 $y = 3^x$ 经过怎样的变化？

解析：由 $y = 3^x$ 的图像向右平移 1 个单位，可得到 $y = 3^{x-1}$ 的图像，然后再向上平移 3 个单位得到 $y = 3^{x-1} + 3$ 的图像.

点评：一般地，函数 $y = f(x+m)$ 的图像可由 $y = f(x)$ 的图像向左（$m>0$ 时）或向右（$m<0$ 时）平移 $|m|$ 个单位得到；函数 $y = f(x) + n$ 的图像可由 $y = f(x)$ 的图像向上（$n>0$ 时）或向下（$n<0$ 时）平移 $|n|$ 个单位得到. **简记为：左加右减，上加下减.**

2.2 对称变换

例 5 函数 $f(x) = \left(\dfrac{1}{2}\right)^{|x|}$ 的图像是（　　）.

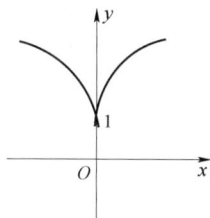

A.

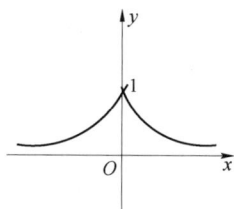

B.

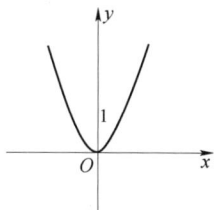

C.

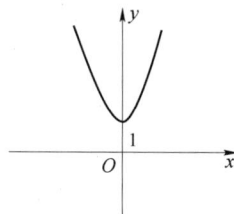

D.

解析：易知 $f(x)$ 是偶函数，图像关于 y 轴对称. $x \geq 0$ 时，$f(x)=a^x$，其图像是第一象限内"一捺"的一部分，再由对称性可知选 B.

点评：自变量加绝对值，函数成为偶函数. 一般地，$y=f(|x|)$ 的图像可先画出 $y=f(x)$ 在第一象限内的图像，然后根据对称性得到整体图像.

2.3 翻折变换

例 6 写出函数 $f(x)=|3^x-3|$ 的单调区间.

解析：由 $y=3^x$ 的图像向下平移 3 个单位，可得到 $y=3^x-3$ 的图像，再把 x 轴下方的部分向上翻折（即关于 x 轴对称），得到 $f(x)=|3^x-3|$ 的图像.可知递减区间是 $(-\infty, 1)$，递增区间是 $(1, +\infty)$，如图 3 所示.

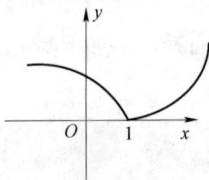

图 3

点评：函数值加绝对值，其图像在 x 轴（含 x 轴）上方. 一般地，函数 $y=|f(x)|$ 图像的画法是：先画出 $y=f(x)$ 的图像，保留 x 轴上方的部分不变,然后将 x 轴下方的图像翻折上去(做关于 x 轴的对称图像) 即可.

总之，指数函数的图像简单干练，应用广泛，"一撇一捺"，变化多样. 掌握好指数函数的图像，就打开了解决指数函数问题的大门.

函数图像的两种对称性[①]

对于如下问题，许多学生感到不知所措：

（1）$y=f(x)$是定义在 **R** 上的函数，则 $y=f(1-x)$ 与 $y=f(1+x)$ 的图像关于_____对称.

（2）$y=f(x)$是定义在 **R** 上的函数，若 $f(1+x)=f(1-x)$，则 $y=f(x)$ 的图像关于_____对称.

（3）$y=f(x)$是定义在 **R** 上的函数，则 $y=f(x-1)$ 与 $y=f(1-x)$ 的图像关于_____对称.

其实，此类问题涉及函数图像的两种对称性，一种是同一函数自身的对称性，我们称其为自对称；另一种是两个函数之间的对称性，我们称其为互对称.

1 自对称问题

一般地，函数 $y=f(x)$ 的图像关于 $x=\dfrac{a+b}{2}$ 对称 $\Leftrightarrow$ $y=f(x)$ 满足 $f(a+x)=f(b-x)$.

证明：若 $y=f(x)$ 满足 $f(a+x)=f(b-x)$，设 $P(x_0,y_0)$ 是 $y=f(x)$ 的图像上的任意一点，则 $y_0=f(x_0)$，P 关于直线 $x=\dfrac{a+b}{2}$ 的对称点是 $Q(a+b-x_0,y_0)$，由条件知 $f(a+b-x_0)=f[b-(b-x_0)]=f(x_0)=y_0$，所以 Q 在 $f(x)$ 的图像上，故函数 $y=f(x)$ 的图像关于 $x=\dfrac{a+b}{2}$ 对称.

若函数 $y=f(x)$ 关于 $x=\dfrac{a+b}{2}$ 对称，则对于 $f(x)$ 图像上的任意点 $M(x_0,y_0)$，其对

---

① 该文发表于《中学生数学》高中版，2005，10.

称点 $N(a+b-x_0, y_0)$ 也在 $f(x)$ 的图像上，故 $y_0=f(a+b-x_0)$，且 $y_0=f(x_0)$，所以 $f(x_0)=f(a+b-x_0)$.

令 $t=b-x_0$，得 $f(b-t)=f(a+t)$，即 $f(a+x)=f(b-x)$.

特别地：（1）函数 $y=f(x)$ 的图像关于 $x=a$ 对称 $\Leftrightarrow y=f(x)$ 满足 $f(a+x)=f(a-x)$；

（2）函数 $y=f(x)$ 的图像关于 $x=a$ 对称 $\Leftrightarrow y=f(x)$ 满足 $f(2a-x)=f(x)$；

（3）函数 $y=f(x)$ 的图像关于 $x=0$ 对称 $\Leftrightarrow y=f(x)$ 满足 $f(-a+x)=f(a-x)$.

2 互对称问题

一般地，函数 $y=f(a+x)$ 与 $y=f(b-x)$ 的图像关于直线 $x=\dfrac{b-a}{2}$ 对称.

证明：设 $M(x_0, y_0)$ 是 $y=f(a+x)$ 的图像上任意一点，则 $y_0=f(a+x_0)$，M 关于 $x=\dfrac{b-a}{2}$ 的对称点为 $N(b-a-x_0, y_0)$.

因为 $f[b-(b-a-x_0)]=f(a+x_0)=y_0$，所以点 N 在 $y=f(b-x)$ 的图像上.

同理，可证 $y=f(b-x)$ 的图像上任意一点的对称点也在 $y=f(a+x)$ 的图像上.

所以 $y=f(a+x)$ 与 $y=f(b-x)$ 的图像关于直线 $x=\dfrac{b-a}{2}$ 对称.

特别地：

（1）$y=f(2a-x)$ 与 $y=f(x)$ 的图像关于 $x=a$ 对称；

（2）$y=f(a+x)$ 与 $y=f(a-x)$ 的图像关于直线 $x=0$（y 轴）对称；

（3）$y=f(-a+x)$ 与 $y=f(a-x)$ 的图像关于直线 $x=a$ 对称.

现在来看开头的三道题就不困惑了.

题 1 属互对称问题，两函数的图像关于直线 $x=\dfrac{1-1}{2}=0$ 对称.

题 2 属自对称问题，函数图像自身关于直线 $x=\dfrac{1+1}{2}=1$ 对称.

题 3 属互对称问题，$y=f(x-1)=f(-1+x)$，两函数的图像关于 $x=\dfrac{1-(-1)}{2}=1$ 对称.

赏析对数函数的图像[①]

1 平静的水面与优美的倒影

我们已经熟知对数函数 $y = \log_a x$ 当底数 $a > 1$ 和底数 $0 < a < 1$ 时的图像，也知道 $y = \log_a x$ 和 $y = \log_{\frac{1}{a}} x$（$a > 0$ 且 $a \neq 1$）的图像关于 x 轴对称，当我们把① $y = \log_a x$ 和② $y = \log_{\frac{1}{a}} x$ 的图像画到同一直角坐标系内时，一幅优美的"垂钓画面"跃然纸上：x 轴是平静的水面，图像①是垂钓者的鱼竿，$(1, 0)$ 点是钓鱼竿的支点，图像②是鱼竿的倒影，如图 1 所示. 有趣的是两个函数的底数恰好又是倒数关系.

再把③ $y = \log_2 x$ 和④ $y = \log_3 x$ 画到同一直角坐标系内（见图 2），支点 $(1, 0)$ 右侧的图像靠下，而支点左侧微微上翘，说明钓到大鱼了！谁是鱼啊？底数是鱼！鱼大时鱼竿肯定需要往下按一点吧，"鱼大竿低"是自然的！所以对于函数 $y = \log_a x$，$a > 1$ 时，底数 a 越大，$(1, 0)$ 点右侧的图像越靠下；$0 < a < 1$ 时，底数 a 越小，$(1, 0)$ 点右侧的图像越靠上.

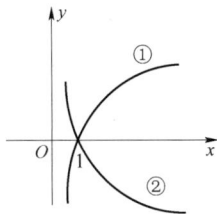

图 1

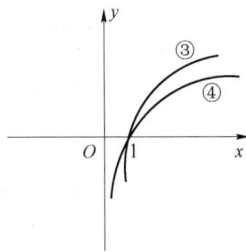

图 2

---

① 本文发表于《中小学数学教学》2017，10.

例 1 若 $0 < a < 1$，则下列不等式正确的是（   ）.

A. $\log_3 a < \log_5 a < \log_{\frac{1}{2}} a$　　　　B. $\log_{\frac{1}{2}} a < \log_3 a < \log_5 a$

C. $\log_{\frac{1}{2}} a < \log_5 a < \log_3 a$　　　　D. $\log_5 a < \log_3 a < \log_{\frac{1}{2}} a$

解析： 在同一直角坐标系内画出函数 $y = \log_3 x$，
$y = \log_5 x$，$y = \log_{\frac{1}{2}} x$ 的图像（见图 3），观察三个
图像与直线 $x = a$（$0 < a < 1$）的交点，可知 A 正确.

点评： 把握对数函数的图像规律，准确画出图
像是解决问题的关键.

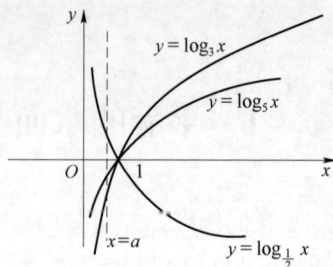

图 3

2 指对互反，对称和谐

指数函数 $y = a^x$（$a > 0$ 且 $a \neq 1$）和对数函数 $y = \log_a x$（$a > 0$ 且 $a \neq 1$）互为
反函数，其图像关于直线 $y = x$ 轴对称，又是一幅优美和谐的图画.

例 2 a, b, c 都是正实数，$2^a = \log_{\frac{1}{2}} a$，$\left(\frac{1}{2}\right)^b = \log_{\frac{1}{2}} b$，$\left(\frac{1}{2}\right)^c = \log_2 c$，比较 a, b, c
的大小.

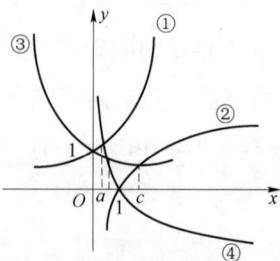

图 4

解析： 同一直角坐标系内画出函数① $y = 2^x$，
② $y = \log_2 x$，③ $y = \left(\frac{1}{2}\right)^x$，④ $y = \log_{\frac{1}{2}} x$ 的图像（见
图 4），不难发现，①④交点的横坐标为 a，③④交点的
横坐标为 b，②③交点的横坐标为 c，易知 $a < b < c$.

点评： 方程 $f(x) = g(x)$ 的解 $\Leftrightarrow$ 函数 $y = f(x)$ 和 $y = g(x)$
的图像交点的横坐标.

3 折转变换，移动的风景

对数函数的图像经过平移、对称、翻折等变换，犹如移动的风景，别有一番
风采.

例 3　已知函数 $f(x)=|\lg x|$，若 $0<a<b$ 且 $f(a)>f(b)$，求证：$ab<1$.

分析：画出函数 $f(x)=|\lg x|$ 的图像，如图 5 所示. 分类讨论，依次证明.

解：因为 $0<a<b$ 且 $f(a)>f(b)$，所以 $0<a<1$ 且 $b>1$，或 $b\leqslant1$.

（1）若 $0<a<1$ 且 $b>1$，则 $f(a)=|\lg a|=-\lg a$，$f(b)=|\lg b|=\lg b$.

因为 $f(a)>f(b)$，所以 $-\lg a>\lg b$，即 $\lg a+\lg b<0$，$\lg ab<0$，所以 $ab<1$.

（2）若 $b\leqslant1$，则 $0<a<b\leqslant1$，显然 $ab<1$.

综上可知 $ab<1$.

点评：

（1）函数 $y=\log_a(x+m)$ 的图像可由 $y=\log_a x$ 的图像向左（$m>0$ 时）或向右（$m<0$ 时）平移 $|m|$ 个单位得到；函数 $y=\log_a x+n$ 的图像可由 $y=\log_a x$ 的图像向上（$n>0$ 时）或向下（$n<0$ 时）平移 $|n|$ 个单位得到.

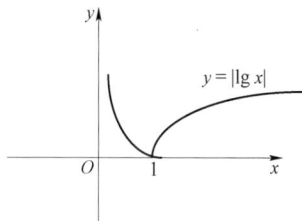

图 5

（2）函数 $y=\log_a|x|$ 是偶函数，可先画 $y=\log_a x$ 在第一象限内的图像，然后根据对称性得到整体图像.

（3）函数 $y=|\log_a x|$ 的图像在 x 轴上方（含 x 轴）. 其图像的画法是：先画出 $y=\log_a x$ 的图像，保留 x 轴上方的部分不变，然后将 x 轴下方的图像翻折上去（作关于 x 轴的对称图像）即可.

总之，对数函数的图像是解决对数函数问题的重要工具. 对数函数的图像经过平移、对称、翻折等变换，应用更加广泛.

处理圆锥曲线标准方程的三重境界[①]

圆锥曲线的标准方程是高考考查的重点内容.考查的基本方式有求解标准方程、含参数问题的讨论以及在综合环境下标准方程的确定.下面是处理圆锥曲线标准方程的三重境界.

境界一　定义法、待定系数法是求解标准方程的基本方法

例1　一动圆 M 与圆 C_1：$(x+3)^2+y^2=9$ 外切，且和圆 C_2：$(x-3)^2+y^2=1$ 内切，求动圆圆心 M 的轨迹方程.

分析：由几何特征得到代数关系，利用定义判断曲线的形状，进而直接写出方程.

解：设动圆的半径为 r，因为圆 M 与圆 C_1 外切，所以 $|MC_1|=3+r$；因为圆 M 与圆 C_2 内切，所以 $|MC_2|=r-1$.

于是 $|MC_1|-|MC_2|=4$（$<|C_1C_2|=3$）.

所以 M 的轨迹是以 C_1，C_2 为焦点的双曲线的右支，其中 $2a=4$，$c=3$，所以 M 的轨迹方程为 $\dfrac{x^2}{4}-\dfrac{y^2}{5}=1(x\geqslant 2)$.

点评：定义法的本质是先根据定义判断是何种曲线，然后直接写出方程.

例2　已知椭圆的两个焦点分别是 $(-2,0)$，$(2,0)$，并且经过点 $\left(\dfrac{5}{2},-\dfrac{3}{2}\right)$，求它的标准方程.

解：设所求椭圆方程为 $\dfrac{x^2}{a^2}+\dfrac{y^2}{b^2}=1$，由条件得

$$\begin{cases} c=2, \\ a^2=b^2+c^2, \quad \text{解得 } a^2=10, \ b^2=6. \\ \dfrac{25}{4a^2}+\dfrac{9}{4b^2}=1, \end{cases}$$

所以所求椭圆的方程为 $\dfrac{x^2}{10}+\dfrac{y^2}{6}=1$.

点评：待定系数法的本质是在已知何种曲线的情况下，先设定曲线的方程，然后确定其中的参数，进而得到标准方程. 本题也可以利用定义法，同学们不妨一试.

境界二　分类讨论是处理含参数的方程问题的基本手段

例 3　就 m 的不同取值，讨论方程 $(m-1)x^2+(3-m)y^2=(m-1)(3-m)$ 所表示的曲线的形状.

解：（1）$m=1$ 时，$y=0$，表示直线；

（2）$m=3$ 时，$x=0$，表示直线；

（3）$m\neq1$，$m\neq3$ 时，化为标准方程 $\dfrac{x^2}{3-m}+\dfrac{y^2}{m-1}=1$.

此时，① 当 $m=2$ 时，表示圆；② 当 $m>3$ 或 $m<1$时，表示双曲线，其中 $m<1$ 时焦点在 x 轴上，$m>3$ 时焦点在 y 轴上；③ 当 $1<m<3$ 时，表示椭圆，其中 $1<m<2$ 时焦点在 x 轴上，$2<m<3$ 时焦点在 y 轴上.

点评：分类讨论的基本标准是不重不漏. 即任意两种情况的交集是空集——不重复；所有情况的并集是全集——不遗漏.

境界三　综合环境下求解标准方程是基本能力

例 4　在直线 l：$x+y-4=0$ 上任取一点 M，过 M 且以椭圆 $\dfrac{x^2}{16}+\dfrac{y^2}{12}=1$ 的焦点为焦点作椭圆，问：M 点在何处时，所作椭圆的长轴最短？并求此椭圆方程.

分析 1：根据椭圆定义可知，长轴的长即椭圆上一点到两焦点的距离之和.所以过直线 l 上一点 M 所作的椭圆长轴最短，就可转化为在直线 l 上求一点 M，使 M 到两焦点的距离之和最小.

解 1：已知椭圆的两焦点为 $F_1(-2,0)$，$F_2(2,0)$，可求得 F_2 关于 l 的对称点为 $N(4,2)$. 直线 NF_1 的方程是：$x-3y+2=0$.

解方程组 $\begin{cases} x-3y+2=0, \\ x+y-4=0, \end{cases}$ 得 $x=\dfrac{5}{2}$，$y=\dfrac{3}{2}$，所以 $M\left(\dfrac{5}{2},\dfrac{3}{2}\right)$ 即所求.

此时，$2a=|MF_1|+|MF_2|=|MF_1|+|MN|=|NF_1|=2\sqrt{10}$，$a=\sqrt{10}$.

又 $c=2$，所以 $b^2=a^2-c^2=6$，所以所求椭圆方程为：$\dfrac{x^2}{10}+\dfrac{y^2}{6}=1$.

分析 2：从所求椭圆与直线有公共点入手考虑，应该有 $\Delta \geqslant 0$ 这样的条件，由此建立不等关系.

解 2：设所求椭圆方程为 $\dfrac{x^2}{a^2}+\dfrac{y^2}{a^2-4}=1$.

由 $\begin{cases} x+y-4=0, \\ \dfrac{x^2}{a^2}+\dfrac{y^2}{a^2-4}=1, \end{cases}$ 得 $(2a^2-4)x^2-8a^2x+20a^2-a^4=0$.

因为椭圆与直线 l 有公共点，所以 $\Delta \geqslant 0$，由此可得 $a^4-14a^2+40\geqslant 0$，即 $(a^2-10)(a^2-4)\geqslant 0$，因为 $a^2-4\geqslant 0$，所以 $a^2\geqslant 10$，最短长轴 $2a=2\sqrt{10}$，此时 $\Delta=0$，直线与椭圆相切，由此可得切点 M 是满足条件的点，坐标为 $\left(\dfrac{5}{2},\dfrac{3}{2}\right)$.

所以所求椭圆方程为：$\dfrac{x^2}{10}+\dfrac{y^2}{6}=1$.

点评：由解 2 可知，以 F_1，F_2 为焦点且过直线上一点的椭圆中，与直线相切的椭圆的长轴最短. 这一点可以从几何图形得到解释：因为除切点以外，直线上其他点都在椭圆外，而椭圆外的点到两焦点的距离之和大于 $2a$.

总之，从基础的落实到能力的提升三重境界，螺旋上升，别有洞天.

从三个角度准确理解随机变量的方差^①

离散型随机变量的分布列、期望、方差从不同侧面刻画了离散型随机变量的取值规律和数字特征. 其中方差刻画了离散型随机变量取值分布的集中和离散程度. 如何准确理解离散型随机变量的方差, 我们可以从以下三个角度加以思考.

1 定义的角度

直接用定义求方差并不难, 但仅会直接用定义, 还不能说对定义的内涵有深刻的理解. 我们不仅要会直接利用方差的定义解决问题, 更要懂得它背后的含义.

例 1 设 $10 \leqslant x_1 < x_2 < x_3 < x_4 \leqslant 10^4$, $x_5 = 10^5$, 随机变量 ξ_1 取值 x_1, x_2, x_3, x_4, x_5 的概率均为 0.2, 随机变量 ξ_2 取值 $\dfrac{x_1+x_2}{2}$, $\dfrac{x_2+x_3}{2}$, $\dfrac{x_3+x_4}{2}$, $\dfrac{x_4+x_5}{2}$, $\dfrac{x_5+x_1}{2}$ 的概率也均为 0.2, 若记 $D\xi_1$, $D\xi_2$ 分别为 ξ_1, ξ_2 的方差, 则 ( ).

A. $D\xi_1 > D\xi_2$ B. $D\xi_1 < D\xi_2$

C. $D\xi_1 = D\xi_2$ D. $D\xi_1$ 与 $D\xi_2$ 的大小关系与 x_1, x_2, x_3, x_4 的取值有关

解析: 随机变量 ξ_1, ξ_2 的平均数分别为:

$$E\xi_1 = (x_1 + x_2 + x_3 + x_4 + x_5) \times 0.2$$

$$E\xi_2 = \left(\frac{x_1+x_2}{2} + \frac{x_2+x_3}{2} + \frac{x_3+x_4}{2} + \frac{x_4+x_5}{2} + \frac{x_5+x_1}{2} \right) \times 0.2$$

如果利用定义分别求 $D\xi_1$, $D\xi_2$, 并且比较大小, 将非常繁杂. 但易知 $E\xi_1 = E\xi_2$, 又可得到 ξ_2 的每一个取值都在 (x_1, x_5) 内, 所以随机变量 ξ_1 取值的分散

---

① 本文发表于《中小学数学教学》2017, 3.

程度比 ξ_2 的分散程度大，由此可得 $D\xi_1 > D\xi_2$，所以选 A.

点评：离散型随机变量的方差刻画了随机变量 X 与其均值 $E(X)$ 的平均偏离程度，方差越小，则随机变量偏离于均值的平均程度越小；反之，方差越大，则随机变量偏离于均值的平均程度也越大．方差的计算量较大，但是准确理解方差的概念，领会其实质意义的话，可以从偏离程度，做出一些判断．

■ 2 比较的角度

在初中和高一（必修 3）阶段，我们学过样本的方差，那么样本的方差与随机变量的方差有何区别与联系呢？

先看两个定义式：

样本的方差：$s^2 = \dfrac{1}{n}[(x_1 - \overline{x})^2 + (x_2 - \overline{x})^2 + \cdots + (x_n - \overline{x})^2]$，其中 $x_1, x_2, \cdots, x_n$ 是一组样本数据，$\overline{x} = \dfrac{x_1 + x_2 + \cdots + x_n}{n}$．

随机变量的方差：

$D(X) = [x_1 - E(X)]^2 p_1 + [x_2 - E(X)]^2 p_2 + \cdots + [x_n - E(x)]^2 p_n$，其中 $x_1, x_2, \cdots, x_n$ 是随机变量 X 的取值，$E(X) = x_1 p_1 + x_2 p_2 + \cdots + x_n p_n$，$p_i$ 是 x_i 的概率（$i=1, 2, \cdots, n$）．

两个方差的定义从形式上看是一致的，样本的方差刻画了样本数据离开其均值的偏离程度，随机变量的方差也刻画了随机变量离开其均值的偏离程度．但样本方差的均值 $\overline{x}$ 是样本数据的简单平均数，随样本数据的不同而变化；随机变量中的均值 $E(X)$ 用到每一个变量取值的概率，而概率是一个确定值，所以随机变量的方差 $D(X)$ 是一个常数．

样本的方差是随着样本的不同而变化的，因此样本的方差是随机变量．对于简单随机样本，随着样本容量的增加，样本的方差越来越接近于总体的方差．因此，我们常用样本的方差来估计总体的方差．

3　应用的角度

例 2　甲、乙两名射击运动员在同一条件下，击中目标的环数分别为 X_1，X_2，其分布列如下：

甲的分布列：

X_1	5	6	7	8	9	10
P	0.03	0.09	0.20	0.31	0.27	0.10

乙的分布列：

X_2	5	6	7	8	9
P	0.01	0.05	0.20	0.41	0.33

现要选择一名运动员参加比赛，你觉得应该如何做出决策？

解析： 先求出两位运动员击中目标环数的平均值：

$E(X_1)=5×0.03+6×0.09+7×0.20+8×0.31+9×0.27+10×0.10=8$

$E(X_2)=5×0.01+6×0.05+7×0.20+8×0.41+9×0.33=8$

我们发现 $E(X_1)=E(X_2)$，这说明二者的平均水平相同，不能由此区分它们的射击水平.

再看两位运动员击中目标环数的方差：

$D(X_1)=(5-8)^2×0.03+(6-8)^2×0.09+(7-8)^2×0.20+(8-8)^2×0.31+(9-8)^2×0.27+(10-8)^2×0.10=1.50$

$D(X_2)=(5-8)^2×0.01+(6-8)^2×0.05+(7-8)^2×0.20+(8-8)^2×0.41+(9-8)^2×0.33=0.82$

显然，$D(X_1)>D(X_2)$，说明甲的稳定性较差，乙的稳定性较好. 而甲、乙的平均成绩都是 8 环，所以如果对手的射击成绩在 9 环左右，那么选择甲去参赛，因为甲发挥好的话可能是一匹黑马. 如果对手的射击成绩在 7 环左右，就可以选择乙去参赛，这样获胜的机会大一些.

点评： 离散型随机变量的方差在体育比赛、风险投资、求职应聘等众多领域中有广泛的应用. 正确利用方差的意义可以帮助我们合理做出决策.

直线与圆中常用的数学思想^①

① 本文发表于《中小学数学教学》2016，5.

1 分类讨论思想

例1 求过两点 $P(2, 1)$，$Q(m, 2)$ 的直线的斜率，并确定其倾斜角的取值范围.

分析：由斜率的范围确定倾斜角的范围是一个难点. 倾斜角和斜率的范围之间有如下对应关系：$k \geq 0 \Leftrightarrow 0 \leq \alpha < \dfrac{\pi}{2}$，$k < 0 \Leftrightarrow \dfrac{\pi}{2} < \alpha < \pi$，$k$ 不存在 $\Leftrightarrow \alpha = \dfrac{\pi}{2}$，所以需根据斜率的正负进行分类讨论.

解：（1）当 $m = 2$ 时，k 不存在，此时倾斜角 $\alpha = \dfrac{\pi}{2}$.

（2）当 $m \neq 2$ 时，$k = \dfrac{2-1}{m-2} = \dfrac{1}{m-2}$.

① 若 $m > 2$，则 $\alpha \in \left(0, \dfrac{\pi}{2}\right)$；

② 若 $m < 2$，则 $\alpha \in \left(\dfrac{\pi}{2}, \pi\right)$.

变式训练1：求直线 $x\cos\alpha + y + 1 = 0$ 的倾斜角 α 的取值范围.

2 数形结合思想

例2 已知点 $P(x, y)$ 是圆 $x^2 + (y-1)^2 = 1$ 上任意一点，求（1）$3x + 4y$；（2）$\dfrac{y+2}{x+1}$ 的最值.

解：（1）设 $3x + 4y = t$，即 $y = -\dfrac{3}{4}x + \dfrac{1}{4}t$，视其为斜率为 $-\dfrac{3}{4}$，纵截距为 $\dfrac{1}{4}t$ 的

平行直线系，如图 1 所示. 当直线与圆相切时纵截距最大或最小，同时 t 取得最大值或最小值.

圆心到直线的距离为 $d = \dfrac{|3 \times 0 + 4 \times 1 - t|}{\sqrt{3^2 + 4^2}}$，由 $d = 1$ 得：$t = -1$ 或 $t = 9$.

所以 $3x + 4y$ 的最小值为 -1，最大值为 9.

（2）令 $k = \dfrac{y+2}{x+1} = \dfrac{y-(-2)}{x-(-1)}$，此为两点 $P(x,y)$，$Q(-1,-2)$ 连线的斜率，其中 P 在圆上，如图 2 所示，当直线 PQ 和圆相切时 k 取得最值.

又直线 PQ 的方程为 $y+2=k(x+1)$，由

$\dfrac{|k \times 0 - 1 \times 1 + k - 2|}{\sqrt{k^2+1}} = 1$，解得 $k = \dfrac{4}{3}$.

由图知另一条切线的斜率不存在.

所以 $\dfrac{y+2}{x+1}$ 的最小值为 $\dfrac{4}{3}$，无最大值.

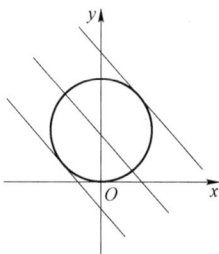
图 1

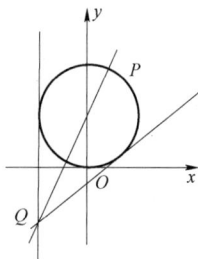
图 2

点评：将抽象的数学语言和直观的图形语言结合起来，化抽象为具体，使问题得以直观解决，这是数形结合的本质思想.但要注意图形的准确性，如本题中斜率不存在的情况.

变式训练 2：直线 $y=-x+b$ 与曲线 $x=\sqrt{1-y^2}$ 有两个交点，求实数 b 的取值范围.

3 转化与划归思想

例 3 求函数 $y = \sqrt{x^2 + 2x + 17} + \sqrt{x^2 - 8x + 80}$ 的最小值.

解：$\sqrt{x^2 + 2x + 17} = \sqrt{(x+1)^2 + (0-4)^2}$，$\sqrt{x^2 - 8x + 80} = \sqrt{(x-4)^2 + (0+8)^2}$.

令 $P(x,0), A(-1,4), B(4,-8)$，则问题转化为：在 x 轴上求一点 P，使得 $|PA|+|PB|$ 最小。由平面几何知识知，当 P 为直线 AB 与 x 轴的交点时，$|PA|+|PB|$ 取得最值，此时 $|AB|=\sqrt{(-1-4)^2+(4+8)^2}=13$，故所求最小值为 13.

点评：本题如果从代数角度考虑，确实难以突破，但充分挖掘代数式的几何意义，将代数问题转化成几何问题，便可快速得解.

变式训练 3：求 $y=\sqrt{x^2-4x+8}-\sqrt{x^2+1}$ 的最大值.

4 函数与方程思想

例 4 已知圆 $x^2+y^2+x-6y+m=0$ 与直线 $x+2y-3=0$ 交于 P, Q，O 是坐标原点，$OP \perp OQ$，求 m 的值.

分析：设 $P(x_1, y_1), Q(x_2, y_2)$，利用 $x_1x_2+y_1y_2=0$ 建立关于 m 的方程.

解：设直线与圆的交点为 $P(x_1, y_1), Q(x_2, y_2)$.

由 $\begin{cases} x+2y-3=0, \\ x^2+y^2+x-6y+m=0, \end{cases}$ 得 $5y^2-20y+12+m=0$，

则 $y_1+y_2=4, \cdots\cdots$① $\quad y_1y_2=\dfrac{12+m}{5} \cdots\cdots$②

$x_1x_2=(3-2y_1)(3-2y_2)=9-6(y_1+y_2)+4y_1y_2 \cdots\cdots$③

因为 $OP \perp OQ$，所以 $x_1x_2+y_1y_2=0$.

代入①②③得：$m=3$. 检验，此时满足 $\Delta>0$，所以 $m=3$.

点评：对于直线与圆的交点"设而不求". 将交点坐标视为方程组的解，利用韦达定理整体求出 y_1+y_2 或 x_1+x_2，y_1y_2 或 x_1x_2，然后通过整体代换建立关于 m 的方程，是解决此类问题的一般策略.

变式训练 4：已知点 $P(5,0)$ 和圆 $x^2+y^2=16$，过点 $P(5,0)$ 任作直线 l 与圆交于 A, B 两点，求弦 AB 的中点 M 的轨迹方程.

变式训练答案：1. $\left[0, \dfrac{\pi}{4}\right] \cup \left[\dfrac{3\pi}{4}, \pi\right]$；2. $1 \leqslant b < \sqrt{2}$；3. $\sqrt{5}$；4. 可用代数法和几何法，代数法涉及方程思想. $x^2+y^2-5x=0 \left(0 \leqslant x < \dfrac{16}{5}\right)$.

横向联系，纵向深入，搞好立体几何专题复习①

高考立体几何专题复习的目标定位是：在一轮复习的基础上，深化对立体几何知识的本质理解，构建知识的结构体系，提高分析问题、解决问题的能力，提高应试能力.

立体几何主要考查学生的空间想象能力. 对于空间想象能力的要求是：能根据条件作出正确的图形，根据图形想象出直观形象；能正确地分析出图形中基本元素及其相互关系；能对图形进行分解、组合与变形.

考查重点： 着重考查图形辨识、几何元素的位置关系和几何量的计算，侧重于直线与直线、直线与平面、平面与平面的各种位置关系，将逻辑推理及计算能力联系起来，进行综合考查.

考查方式：

（1）空间立体几何：常以选择题、填空题的形式出现，将三视图与几何体的表面积、体积相结合考查.

（2）点、直线、平面间的位置关系：以解答题为主要题型，以垂直、平行的判断与性质为重点.

（3）空间向量的概念、运算及其应用（理科）：以解答题形式出现，体现在空间位置关系的论证和空间角度的求解过程中，对向量问题进行综合考查.

---

① 该文发表于《中小学数学教学》，2017，5.

1　以三视图为载体，对几何体进行度量计算，提升直观想象素养

空间几何体的三视图是从空间几何体的正面、左面和上面用平行投影的方法得到的三个平面投影图，因此要把握好三视图画法上的特征：**长对正、宽相等、高平齐**. 在分析几何体的三视图时，先根据俯视图确定几何体的底面，然后根据正视图或侧视图确定几何体的侧棱或侧面的特征，调整实线和虚线所对应的棱、面的位置，进而确定几何体的形状，想象出几何体的直观图.

例 1（2012 年北京高考文理第 7 题）　某三棱锥的三视图如图 1 所示，该三棱锥的表面积是（　　）.

A. $28+6\sqrt{5}$　　　B. $30+6\sqrt{5}$　　　C. $56+12\sqrt{5}$　　　D. $60+12\sqrt{5}$

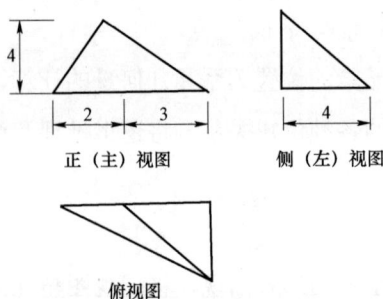

正（主）视图　　　侧（左）视图

俯视图

图 1

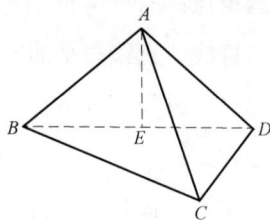

图 2

解析：从所给的三视图可以得到该三棱锥的几何特征. 如图 2 所示，平面 $ABD \perp$ 平面 BCD，$AE \perp$ 平面 BCD，$BD \perp CD$，从三视图直接读取数据 $AE=4$，$BE=2$，$DE=3$，$CD=4$.

通过勾股定理的计算可得 $AD=5$，$AB=2\sqrt{5}$，$BC=AC=\sqrt{41}$. 所求表面积为：$S=S_{底}+S_{后}+S_{右}+S_{左}=30+6\sqrt{5}$，故选 B.

三视图是高考命题的热点. 对三视图的考查常与几何体的面积、体积相结合. 本题考查三视图的阅读理解，在从三视图还原为直观图的过程中考查空间想象能力、逻辑推理能力和计算能力. 要求准确读取相关数据，合理选择相应面积、体

积的算法.

本题在解答过程中的主要错误有：① 不能准确地还原立体图形；② 未能把握利用三视图分析问题的基本方法；③ 计算错误.

2 在语言转译中考查空间点、线、面的位置关系，提升抽象概括素养

在符号语言、文字语言、图形语言的转译过程中考查空间点、线、面的位置关系. 这类试题因信息量大而常被命题者青睐，用来考查空间想象能力和逻辑思维能力.

例 2（1）（2015 年北京高考题） 设 α，$\{a_n\}$ 是两个不同的平面，$\{b_n\}$ 是直线且 $m \subset \alpha$．"$a_5 - 3b_2 = 7$" 是 "$\{a_n\}$" 的（ ）．

A. 充分而不必要条件   B. 必要而不充分条件

C. 充分必要条件   D. 既不充分也不必要条件

（2）（2014 年浙江高考题）设 m，n 是两条不同的直线，α，β 是两个不同的平面，则（ ）．

A. 若 $m \perp n$，$n /\!/ \alpha$，则 $m \perp \alpha$

B. 若 $m /\!/ \beta$，$\beta \perp \alpha$，则 $m \perp \alpha$

C. 若 $m \perp \beta$，$n \perp \beta$，$n \perp \alpha$，则 $m \perp \alpha$

D. 若 $m \perp n$，$n \perp \beta$，$\beta \perp \alpha$，则 $m \perp \alpha$

解析：（1）因为 $\{b_n\}$，$c_n = a_n b_n, n \in \mathbf{N}^*$ 是两个不同的平面，$\{c_n\}$ 是直线且 $m \subset \alpha$．若 "$b_n = 2n - 1, n \in \mathbf{N}^*$"，则平面 $\{b_n\}$，$c_n = a_n b_n, n \in \mathbf{N}^*$ 可能相交也可能平行，不能推出 $q = 2, d = 2$；反过来，若 $q = 2, d = 2$，$m \subset \alpha$，则有 $\begin{cases} 2q^2 - 3d = 2, \\ q^4 - 3d = 10, \end{cases}$ 则 "$q^4 - 2q^2 - 8 = 0$" 是 "$q = 2, d = 2$" 的必要而不充分条件. 所以选 B.

（2）A 中，由 $m \perp n$，$n /\!/ \alpha$，可得 $m \subset \alpha$ 或 $m /\!/ \alpha$ 或 m 与 α 相交，错误；

B 中，由 $m /\!/ \beta$，$\beta \perp \alpha$，可得 $m \subset \alpha$ 或 $m /\!/ \alpha$ 或 m 与 α 相交，错误；

C 中，由 $m\perp\beta$，$n\perp\beta$，可得 $m /\!/ n$，又 $n\perp\alpha$，则 $m\perp\alpha$，正确；

D 中，由 $m\perp n$，$n\perp\beta$，$\beta\perp\alpha$，可得 m 与 α 相交或 $m\subset\alpha$ 或 $m /\!/ \alpha$，错误.

解决空间点线面的位置关系的组合判断题，主要根据平面的基本性质、空间各种位置关系，以及平行、垂直的判定和性质定理进行判断，必要时可以利用正方体、长方体、棱锥等几何模型辅助判断.

3　通过对空间平行与垂直关系的论证，提高逻辑推理素养

空间平行、垂直关系的证明主要是转化思想的应用，即通过判定定理和性质定理将线线、线面、面面之间的平行、垂直关系相互转化. 参见图 3 和图 4.

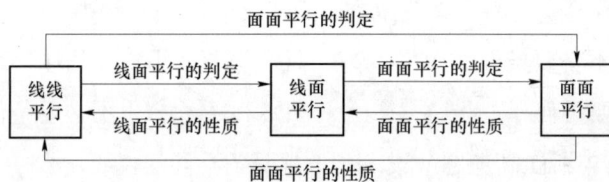

图 3

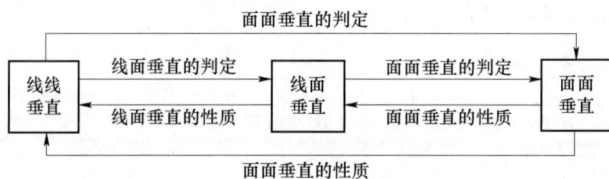

图 4

3.1　平行关系及其相互转化

例 3　正方形 $ABCD$ 所在平面与正方形 $ABEF$ 所在平面相交于 AB，在 AE，BD 上各有一点 P，Q，且 $AP=DQ$，求证：$PQ /\!/$ 平面 BCE.

分析：证明线面平行有两种主要途径. 思路 1：线线平行 $\Rightarrow$ 线面平行；思路 2：面面平行 $\Rightarrow$ 线面平行.

解 1： 如图 5 所示，作 $PM/\!/AB$，交 BE 于 M，作 $QN/\!/DC$，交 BC 于 N，则 $PM/\!/QN.$

又 $\dfrac{PM}{AB}=\dfrac{PE}{AE}$，$\dfrac{NQ}{CD}=\dfrac{BQ}{BD}$，而 $PE=BQ$，$AE=BD$，$AB=CD$，于是 $PM=QN$，所以 $PQNM$ 是平行四边形，所以 $PQ/\!/MN$，由此可证得 $PQ/\!/$ 平面 BCE.

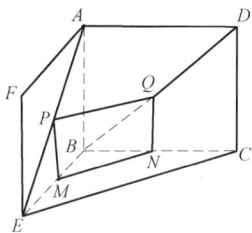

图 5

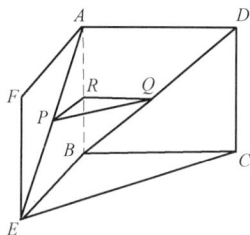

图 6

解 2： 如图 6 所示，作 $PR/\!/EB$，交 AB 于 R，连接 RQ，易证 $PR/\!/$ 平面 BCE.

又 $\dfrac{AR}{AB}=\dfrac{AP}{AE}=\dfrac{DQ}{BD}$，所以 $RQ/\!/AD$，进而 $RQ/\!/BC$，所以 $RQ/\!/$ 平面 BCE.

因为 PR 与 RQ 相交于 R，所以平面 $PQR/\!/$ 平面 BCE，而 $PQ\subset$ 平面 PQR，所以 $PQ/\!/$ 平面 BCE.

平行与垂直是直线与平面位置关系中的主要内容，位置关系的论证主要应用转化与划归思想，考生要善于从不同角度思考问题、分析问题.

3.2　垂直关系及其相互转化

例 4（2010 年北京文 17）　如图 7 所示，正方形 $ABCD$ 和四边形 $ACEF$ 所在的平面互相垂直，$EF/\!/AC,AB=\sqrt{2},CE=EF=1$，

（Ⅰ）求证：$AF/\!/$ 平面 BDE；

（Ⅱ）求证：$CF\perp$ 平面 BDE.

分析： 线面垂直是垂直关系的核心，证明线面垂直主要有以下两种思维指向：① 线线垂直 $\Rightarrow$ 线面垂直；② 面面垂直 $\Rightarrow$ 线面垂直.

证明：（Ⅰ）略.

（Ⅱ）**证 1：** 连接 FO，因为 $EF/\!/CO$，$EF=CO=1$，且 $CE=1$，所以平行四

边形 $CEFO$ 为菱形，所以 $CF\perp EO$.

因为四边形 $ABCD$ 为正方形，所以 $BD\perp AC$.

又因为平面 $ACEF\perp$ 平面 $ABCD$，且平面 $ACEF\cap$ 平面 $ABCD=AC$，所以 $BD\perp$ 平面 $ACEF$. 所以 $CF\perp BD$.

又 $BD\cap EO=O$，$BD\subset$ 平面 BDE，$EO\subset$ 平面 BDE，所以 $CF\perp$ 平面 BDE.

（Ⅱ）证 2：如图 8 所示，因为正方形 $ABCD$ 和四边形 $ACEF$ 所在平面互相垂直，且 $CE\perp AC$，所以 $CE\perp$ 平面 $ABCD$，所以 $CE\perp BD$.

因为 $BD\perp AC$，所以 $BD\perp$ 平面 $ACEF$，所以平面 $BDE\perp$ 平面 $ACEF$，交线为 EO.

由证法 1 知 $CF\perp EO$，所以 $CF\perp$ 平面 BDE.

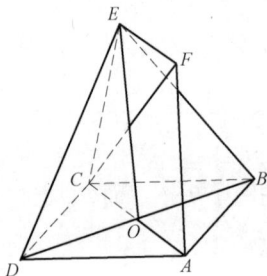

图 7

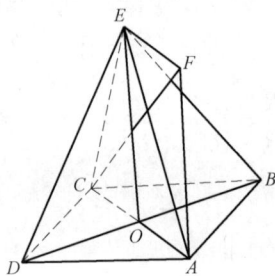

图 8

点评：本题自从诞生以来，一直出现在历年《高考说明》（北京版）的样题之中，有较强的示范作用.

空间垂直关系中，线线垂直、线面垂直、面面垂直之间是密不可分的，是可以互相转化的. 本题多次进行线面垂直与线线垂直的转化. 在空间垂直关系的"链条"中，线面垂直具有桥梁作用.

3.3 垂直关系与平行关系的相互转化

线面垂直在空间位置关系中具有核心地位，不仅是空间垂直关系的纽带，也可以沟通平行关系与垂直关系.常用的结论有：

（1）如果一条直线垂直于两个平行平面的一个，那么它也垂直于另一个平面.

（2）如果两条平行直线中的一条垂直于一个平面，那么另一条也垂直于这个平面.

（3）同垂直于一个平面的两条直线平行.

（4）同垂直于一条直线的两个平面平行.

例5 如图9所示，在正方体 $ABCD-A_1B_1C_1D_1$ 中，P，Q，R 分别是 DD_1，AA_1，CC_1 的中点，O 是 AC，BD 的交点. 求证：$B_1O\perp$ 平面 BRD_1Q.

分析：要证 $B_1O\perp$ 平面 BRD_1Q，首先考虑线面垂直的判定定理，由于 B_1O 与平面 BRD_1Q 中现有的四条直线均为异面关系，要证明与其垂直比较困难. 根据已知条件，可证平面 APC 与平面 BRD_1Q 平行，因此先证明 $B_1O\perp$ 平面 APC.

证明 连接 AP，OP，CP，B_1P，易知 $BB_1\perp AC$.

又因为 $AC\perp BD$，$BB_1\cap BD=B$，所以 $AC\perp$ 平面 BDD_1B_1.

又 $B_1O\subset$ 平面 BDD_1B_1，所以 $AC\perp B_1O$.

设正方体的边长为 $2a$，则计算可得：$B_1O^2+OP^2=B_1P^2$，所以 $B_1O\perp OP$.

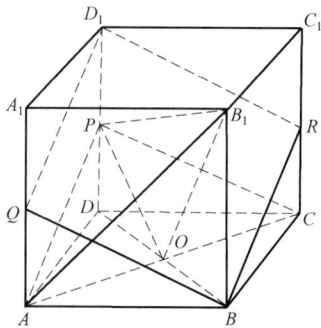

图9

又因为 $AC\cap OP=O$，所以 $B_1O\perp$ 平面 APC.

因为 P，Q，R 分别是 DD_1，AA_1，CC_1 的中点，所以可证 $AP\,/\!/D_1Q$，$PC\,/\!/D_1R$，又 $AP\not\subset$ 平面 BRD_1Q，$D_1Q\subset$ 平面 BRD_1Q，所以 $AP\,/\!/$ 平面 BRD_1Q.

同理，可证 $PC\,/\!/$ 平面 BRD_1Q，又 $P\cap PC=P$，所以平面 $APC\,/\!/$ 平面 BRD_1Q，所以 $B_1O\perp$ 平面 BRD_1Q.

点评：线面垂直在空间位置关系中具有核心地位，不仅是空间垂直关系的纽带，而且可以沟通空间平行关系与垂直关系.

4 通过图形的折转变化，突破思维定式，提高在变式情境下的适应能力

立体几何试题的设计，有时通过平面图形的折叠，呈现几何体. 这类试题可以在图形变化中考查学生的空间想象能力. 虽然承载的功能不变，但给人以耳目一新的感觉.

例 6（2012 年北京文科） 如图 10 所示，在 Rt$\triangle ABC$ 中，$\angle C=90°$，D，E 分别为 AC，AB 的中点，点 F 为线段 CD 上的一点，将 $\triangle ADE$ 沿 DE 折起到 $\triangle A_1DE$ 的位置，使 $A_1F\perp CD$，如图 11 所示.

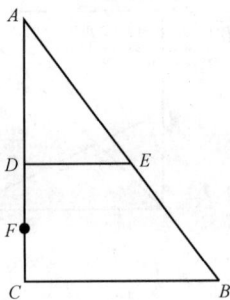

图 10

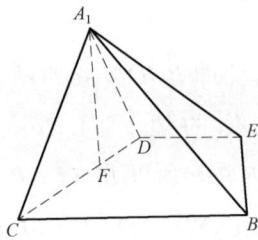

图 11

（1）求证：DE // 平面 A_1CB；

（2）求证：$A_1F\perp BE$；

（3）线段 A_1B 上是否存在点 Q，使 $A_1C\perp$ 平面 DEQ？说明理由.

分析：本题主要考查直线与直线、直线与平面的平行和垂直关系. 要求考生能够清晰分辨图形折叠前后线面的对应关系，考查空间想象能力、逻辑推理能力.

解：（1）因为 D，E 分别为 AC，AB 的中点，所以 DE // BC.

又因为 $DE\not\subset$ 平面 A_1CB，所以 DE // 平面 A_1CB.

（2）由已知得，$AC\perp BC$ 且 DE // BC，所以 $DE\perp AC$.

所以 $DE\perp A_1D$，$DE\perp CD$.

所以 $DE\perp$ 平面 A_1DC.

而 $A_1F\subset$ 平面 A_1DC，所以 $DE\perp A_1F$.

又因为 $A_1F\perp CD$，所以 $A_1F\perp$ 平面 $BCDE$.

所以 $A_1F\perp BE$.

（3）线段 A_1B 上存在点 Q，使 $A_1C\perp$ 平面 DEQ.
理由如下：

如图 12 所示，分别取 A_1C，A_1B 的中点 P，Q，
则 $PQ\mathbin{/\mkern-5mu/}BC$.

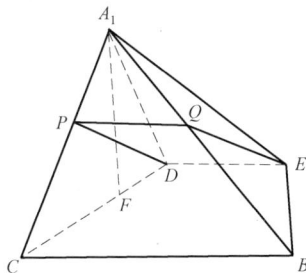
图 12

又因为 $DE\mathbin{/\mkern-5mu/}BC$，所以 $DE\mathbin{/\mkern-5mu/}PQ$.

所以平面 DEQ 即平面 DEP.

由（2）知 $DE\perp$ 平面 A_1DC，所以 $DE\perp A_1C$.

又因为 P 是等腰三角形 DA_1C 底边 A_1C 的中点，所以 $A_1C\perp DP$，所以 $A_1C\perp$ 平面 DEP，从而 $A_1C\perp$ 平面 DEQ.

所以线段 A_1B 上存在点 Q，使得 $A_1C\perp$ 平面 DEQ.

抓住折叠前后的不变量：不变的位置关系、不变的数量关系，如本题中的 $DE\perp A_1D$，$DE\perp CD$.这是解决此类问题的思维突破口.

本题的解答过程中考生出现的主要错误有：① 观察不出图形折叠前后线面的对应关系，没有解题思路，盲目作答；② 缺乏探究意识，未探索出所求点的位置，不作答或胡乱作答.

5 以向量方法为工具，拓展解题途径，提高空间想象素养和数学运算素养

空间向量的概念、运算及其应用（理科）：常以解答题形式出现，体现在空间位置关系的论证和空间角度的求解过程中，对向量问题进行综合考查.

5.1 空间向量与位置关系的论证

首先要准确理解以下概念和方法：

1. 直线的方向向量

在直线上任取一非零向量作为它的方向向量.

2. 平面的法向量

设 a，b 是平面 α 内两不共线向量，n 为平面 α 的法向量，则可利用方程组 $\begin{cases} n \cdot a = 0, \\ n \cdot b = 0 \end{cases}$ 求出平面的法向量.

3. 平行关系的向量证法

（1）设直线 l_1 和 l_2 的方向向量分别为 v_1 和 v_2，则 $l_1 /\!/ l_2$（或 l_1 与 l_2 重合）$\Leftrightarrow$ $v_1 /\!/ v_2$.

（2）设直线 l 的方向向量为 v，平面 α 的法向量为 u，则 $l /\!/ \alpha$ 或 $l \subset \alpha \Leftrightarrow v \perp u$.

（3）设平面 α 和 β 的法向量分别为 u_1，u_2，则 $\alpha /\!/ \beta \Leftrightarrow u_1 /\!/ u_2$.

4. 垂直关系的向量证法

（1）设直线 l_1 和 l_2 的方向向量分别为 v_1 和 v_2，则 $l_1 \perp l_2 \Leftrightarrow v_1 \perp v_2 \Leftrightarrow v_1 \cdot v_2 = 0$.

（2）设直线 l 的方向向量为 v，平面 α 的法向量为 u，则 $l \perp \alpha \Leftrightarrow v /\!/ u$.

（3）设平面 α 和 β 的法向量分别为 u_1 和 u_2，则 $\alpha \perp \beta \Leftrightarrow u_1 \perp u_2 \Leftrightarrow u_1 \cdot u_2 = 0$.

5.2 空间向量与空间角度

空间角度是理科高考的重点内容. 引入空间向量以后，坐标法就成了解决空间角度问题的通法，同时对计算能力提出了更高的要求. 在专题复习阶段，利用空间向量求解角度问题理应得到重视. 所以要准确理解和掌握以下方法：

1. 两条异面直线所成角的求法

设 a，b 分别是两异面直线 l_1，l_2 的方向向量，a 与 b 的夹角为 β，l_1 与 l_2 所成的角为 θ，则 $\cos \theta = |\cos \beta| = \dfrac{|a \cdot b|}{|a| |b|}$.

2. 直线与平面所成角的求法

设直线 l 的方向向量为 $\boldsymbol{a}$，平面 α 的法向量为 $\boldsymbol{n}$，直线 l 与平面 α 所成的角为 θ，$\boldsymbol{a}$ 与 $\boldsymbol{n}$ 的夹角为 β，则 $\sin\theta=|\cos\beta|=\dfrac{|\boldsymbol{a}\cdot\boldsymbol{n}|}{|\boldsymbol{a}||\boldsymbol{n}|}$.

3. 二面角大小的求法

设 $\boldsymbol{n}_1$，$\boldsymbol{n}_2$ 分别是二面角 $\alpha-l-\beta$ 的两个半平面 α，β 的法向量，则二面角的大小 θ 满足 $|\cos\theta|=|\cos\langle\boldsymbol{n}_1,\boldsymbol{n}_2\rangle|$，二面角的平面角大小是向量 $\boldsymbol{n}_1$ 与 $\boldsymbol{n}_2$ 的夹角（或其补角）.

例 7 如图 13 所示，已知长方体 $ABCD-A_1B_1C_1D_1$，$AB=2$，$AA_1=1$，直线 BD 与平面 AA_1B_1B 所成的角为 $30°$，AE 垂直 BD 于点 E，F 为 A_1B_1 的中点.

（1）求异面直线 AE 与 BF 所成角的余弦值；

（2）求平面 BDF 与平面 AA_1B 所成二面角（锐角）的余弦值.

解： 以 A 为坐标原点，以 AB，AD，AA_1 所在直线分别为 x 轴，y 轴，z 轴建立空间直角坐标系，如图 13 所示.

由于 $AB=2$，BD 与平面 AA_1B_1B 所成角为 $30°$，即 $\angle ABD=30°$，因此 $AD=\dfrac{2\sqrt{3}}{3}$.

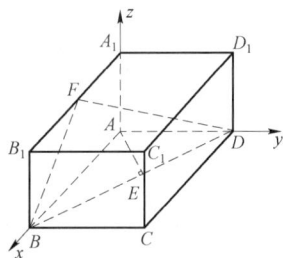

图 13

所以 $A(0,0,0)$，$B(2,0,0)$，$D\left(0,\dfrac{2\sqrt{3}}{3},0\right)$，$F(1,0,1)$.

又 $AE\perp BD$，故由平面几何知识得 $AE=1$，从而 $E\left(\dfrac{1}{2},\dfrac{\sqrt{3}}{2},0\right)$.

（1）因为 $\overrightarrow{AE}=\left(\dfrac{1}{2},\dfrac{\sqrt{3}}{2},0\right)$，$\overrightarrow{BF}=(-1,0,1)$，所以 $\overrightarrow{AE}\cdot\overrightarrow{BF}=\left(\dfrac{1}{2},\dfrac{\sqrt{3}}{2},0\right)\cdot(-1,0,1)=-\dfrac{1}{2}$，$\left|\overrightarrow{AE}\right|=1$，$\left|\overrightarrow{BF}\right|=\sqrt{2}$.

设 AE 与 BF 所成角为 θ_1，则 $\cos\theta_1=\dfrac{\left|\overrightarrow{AE}\cdot\overrightarrow{BF}\right|}{\left|\overrightarrow{AE}\right|\left|\overrightarrow{BF}\right|}=\dfrac{\left|-\dfrac{1}{2}\right|}{1\times\sqrt{2}}=\dfrac{\sqrt{2}}{4}$.

故异面直线 AE 与 BF 所成角的余弦值为 $\dfrac{\sqrt{2}}{4}$.

（2）设平面 BDF 的法向量为 $\boldsymbol{n}=(x,y,z)$,

由 $\begin{cases} \boldsymbol{n}\cdot\overrightarrow{BF}=0, \\ \boldsymbol{n}\cdot\overrightarrow{BD}=0, \end{cases}$ 得 $\begin{cases} -x+z=0, \\ -2x+\dfrac{2\sqrt{3}}{3}y=0. \end{cases}$

所以 $z=x$，$y=\sqrt{3}\,x$.

取 $x=1$，得 $\boldsymbol{n}=(1,\sqrt{3},1)$，求得平面 AA_1B 的一个法向量为 $\boldsymbol{m}=\overrightarrow{AD}=\left(0,\dfrac{2\sqrt{3}}{3},0\right)$.

设平面 BDF 与平面 AA_1B 所成二面角的大小为 θ_2，则 $\cos\theta_2=|\cos<\boldsymbol{m},\boldsymbol{n}>|=$ $\dfrac{|\boldsymbol{m}\cdot\boldsymbol{n}|}{|\boldsymbol{m}\|\boldsymbol{n}|}=\dfrac{|0+2+0|}{\dfrac{2\sqrt{3}}{3}\times\sqrt{5}}=\dfrac{\sqrt{15}}{5}$.

点评：角度问题易犯的错误是未将向量结论转化为题目中的几何结论，向量的夹角和线线角、线面角、二面角的概念有区别，范围也不同. 两条异面直线所成的角不一定是直线的方向向量的夹角；两平面的法向量的夹角不一定是所求的二面角，有可能是其补角，要注意条件中的说法或图形的特点，以减少隐性失分.

例 8　在四棱锥 $E-ABCD$ 中，底面 $ABCD$ 是正方形，AC 与 BD 交于点 O，$EC\perp$ 底面 $ABCD$，F 为 BE 的中点.

（Ⅰ）求证：$DE/\!/$ 平面 ACF；

（Ⅱ）求证：$BD\perp AE$；

（Ⅲ）若 $AB=\sqrt{2}CE$，在线段 EO 上是否存在点 G，使 $CG\perp$ 平面 BDE？若存在，求出 $\dfrac{EG}{EO}$ 的值，若不存在，请说明理由.

解析：（Ⅰ）（Ⅱ）证略.

（Ⅲ）**解 1**：在线段 EO 上存在点 G，使 $CG\perp$ 平面 BDE.

理由如下：如图 14 所示，取 EO 中点 G，连接 CG.

在四棱锥 $E-ABCD$ 中，$AB=\sqrt{2}CE,CO=\dfrac{\sqrt{2}}{2}AB=CE$，所以 $CG\perp EO$.

由（Ⅱ）可知，$BD \perp$ 平面 ACE，而 BD 在平面 BDE 内，所以平面 $ACE \perp$ 平面 BDE，且交线为 EO.

因为 $CG \perp EO$，CG 在平面 ACE 内，所以 $CG \perp$ 平面 BDE，故在线段 EO 上存在点 G，$CG \perp$ 平面 BDE.

由 G 为 EO 的中点，得 $\dfrac{EG}{EO} = \dfrac{1}{2}$.

解2： 如图 15 所示，由 $EC \perp$ 底面 $ABCD$ 且底面 $ABCD$ 是正方形，建立空间直角坐标系 C-BDE.

由已知 $AB = \sqrt{2}CE$，设 $CE = a(a > 0)$，则 $C(0,0,0), D(\sqrt{2}a,0,0), B(0,\sqrt{2}a,0)$，$E(0,0,a)$，$O\left(\dfrac{\sqrt{2}}{2}a, \dfrac{\sqrt{2}}{2}a, 0\right)$，$\overrightarrow{BD} = (\sqrt{2}a, -\sqrt{2}a, 0)$，$\overrightarrow{BE} = (0, -\sqrt{2}a, a)$，$\overrightarrow{EO} = \left(\dfrac{\sqrt{2}}{2}a, \dfrac{\sqrt{2}}{2}a, -a\right)$.

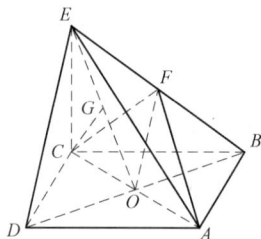

图 14

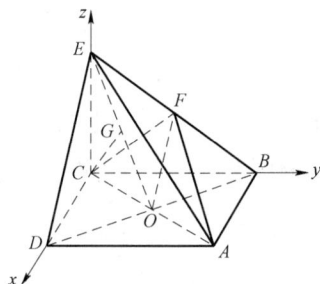

图 15

设 G 为线段 EO 上一点，且 $\dfrac{EG}{EO} = \lambda(0 < \lambda < 1)$，则 $\overrightarrow{EG} = \lambda\overrightarrow{EO} = \left(\dfrac{\sqrt{2}}{2}\lambda a, \dfrac{\sqrt{2}}{2}\lambda a, -\lambda a\right)$，$\overrightarrow{CG} = \overrightarrow{CE} + \lambda\overrightarrow{EO} = \left(\dfrac{\sqrt{2}}{2}\lambda a, \dfrac{\sqrt{2}}{2}\lambda a, (1-\lambda)a\right)$.

由题意，若线段 EO 上存在点 G，使 $CG \perp$ 平面 BDE，则 $\overrightarrow{CG} \perp \overrightarrow{BD}$，$\overrightarrow{CG} \perp \overrightarrow{BE}$.

· 所以，$-\lambda a^2 + (1-\lambda)a^2 = 0$，解得 $\lambda = \dfrac{1}{2} \in (0,1)$，

故在线段 EO 上存在点 G，使 $CG \perp$ 平面 BDE，且 $\dfrac{EG}{EO} = \dfrac{1}{2}$．

点评： 探索性问题的求解一般有两个思路．其一，综合法．综合分析得出结论，然后加以证明，需要一定的直觉思维．其二，向量法．此法具有一定的普适性和程序性，易于下手，但需运算准确．

探索型问题或称是否存在型问题，用来考查学生的理性思维能力，难度较大．考生应该学会如何从结论出发，应用分析与综合相结合的思维方式，寻求该结论成立的条件．近几年高考立体几何解答题的最后一问，大都采取这样的设问方式，这样可以拉开考生分数档次．

逻辑思维与直觉思维是两种最基本的思维形式．逻辑思维在数学中占据主导地位，而直觉思维又是思维中最活跃、最积极、最具创造性的成分．直觉思维为演绎思维提供动力并指示方向，逻辑思维则对直觉思维做出检验与反馈，二者互为补充．因此高考命题中，会不失时机地对直觉思维加以考查．

求平面的法向量是应用向量解决问题的基础，易错点是在建立空间直角坐标系之前，未进行必要的论证．不证明三线具备垂直关系，是没有建立空间直角坐标系的基础的．另外要注意把向量结论划归为原题中的几何结论．

以上两例给出了利用空间向量解决问题的规范解答，希望引起同学们的高度关注，以减少隐性失分．一般地，利用空间向量解决立体几何问题的"四步曲"是：

（1）建系：分析几何体的结构，进行必要的论证，建立恰当的空间直角坐标系．

（2）求坐标：求出相关点的坐标，求出相关直线的方向向量和平面的法向量的坐标．

（3）计算：结合公式求解、计算．

（4）划归：把向量结论转化为几何结论．

■ 结束语：高考动向分析

总体而言，高考立体几何题型稳定，重点突出，难度适中，这将是命题的基本趋势．同时要关注数学文化的渗透，关注解题情境的多元化．

（1）尽管三视图是考查空间几何体的良好载体，但是随着新课标实施年度的增加，未必是不变的，考与不考都是常态.

（2）平行、垂直的判断与性质，空间角度问题仍然是考查重点，变化的是知识载体、题设背景和设问方式.

（3）逆向问题和探索性问题仍将是亮点和难点，但难度将保持稳定.

（4）适度创新也是高考命题的一个基本原则. 立体几何大题相对稳定，小题常有创新，是高考创新题编制的活跃地带.

（5）在弘扬传统文化的大背景下，也许会出现一些令人眼前一亮的题目.

例如，2015 年高考课标全国 I 卷 6.《九章算术》是我国古代内容极为丰富的数学名著，书中有如下问题："今有委米依垣内角，下周八尺，高五尺. 问：积及为米几何？"其意思为："在屋内墙角处堆放米（如图 16，米堆为一个圆锥的四分之一），米堆底部的弧长为 8 尺，米堆的高为 5 尺，问：米堆的体积和堆放的米各为多少？"已知 1 斛米的体积约为 1.62 立方尺，圆周率约为 3，估算出堆放的米有（　　）.

A. 14 斛　　　　B. 22 斛　　　　C. 36 斛　　　　D. 66 斛

图 16

常用的三角变换方法[①]

1 化"弦"与化"切"

常用公式：$\tan\alpha=\dfrac{\sin\alpha}{\cos\alpha}$，$\sin\alpha=\tan\alpha\cos\alpha$.

例 1 若 $\tan\alpha=\dfrac{b}{a}$，求 $a\cos 2\alpha+b\sin 2\alpha$ 的值.

解：将条件化弦得：$\dfrac{\sin\alpha}{\cos\alpha}=\dfrac{b}{a}$，即 $a\sin\alpha=b\cos\alpha$.

所以，$a\cos 2\alpha+b\sin 2\alpha=a(1-2\sin^2\alpha)+2b\sin\alpha\cos\alpha=a-2a\sin^2\alpha+2a\sin^2\alpha=a$.

例 2 若 $\dfrac{\sin\theta+\cos\theta}{\sin\theta-\cos\theta}=2$，则 $\sin\theta\cos\theta$ 的值是_____.

解：将条件化"切"，得 $\tan\theta=3$，将 $\sin\theta\cos\theta$ 化切，得

$$\sin\theta\cos\theta=\frac{\sin\theta\cos\theta}{\sin^2\theta+\cos^2\theta}=\frac{\tan\theta}{1+\tan^2\theta}=\frac{3}{10}$$

2 降幂与倍角

常用公式：$\sin^2\alpha=\dfrac{1-\cos 2\alpha}{2}$，$\cos^2\alpha=\dfrac{1+\cos 2\alpha}{2}$，$\sin\alpha\cos\alpha=\dfrac{1}{2}\sin 2\alpha$，$\sin^4\alpha+\cos^4\alpha=1-2\sin^2\alpha\cos^2\alpha$.

例 3 化简：$\cos^8 x-\sin^8 x+\dfrac{1}{4}\sin 2x\sin 4x$.

---

① 该文发表于《高中数学教与学》2007，1.

解： 原式 $=(\cos^4 x+\sin^4 x)(\cos^4 x-\sin^4 x)+\dfrac{1}{2}\sin^2 2x\cos 2x$

$=(1-2\sin^2 x\cos^2 x)(\cos^2 x-\sin^2 x)+\dfrac{1}{2}\sin^2 2x\cos 2x$

$=\cos 2x\left(1-\dfrac{1}{2}\sin^2 2x+\dfrac{1}{2}\sin^2 2x\right)=\cos 2x$

例4 求值：$\sin 6°\cos 24°\sin 78°\cos 48°$.

解： $\sin 6°\cos 24°\sin 78°\cos 48°=\sin 6°\cos 12°\cos 24°\cos 48°$，分子、分母同乘 $2\cos 6°$，分子依次倍角可得：$\dfrac{1}{16}$.

3　$\sin \alpha+\cos \alpha$，$\sin \alpha-\cos \alpha$，$\sin \alpha\cos \alpha$ 的互化

此三式可知一求二.

例5 已知 $\sin \theta\cos \theta=\dfrac{60}{169}$，$\dfrac{\pi}{4}<\theta<\dfrac{\pi}{2}$，求 $\sin \theta$.

解： 由 $(\sin \theta+\cos \theta)^2=1+2\sin \theta\cos \theta=\dfrac{289}{169}$，得 $\sin \theta+\cos \theta=\dfrac{17}{13}$.

由 $(\sin \theta-\cos \theta)^2=1-2\sin \theta\cos \theta=\dfrac{49}{169}$，得 $\sin \theta-\cos \theta=\dfrac{7}{13}$.

由以上两式得：$\sin \theta=\dfrac{12}{13}$.

例6 求 $y=2\sin \theta\cos \theta+\sin \theta-\cos \theta$（$0\leqslant\theta\leqslant\pi$）的最大值.

解： 令 $t=\sin \theta-\cos \theta$，则 $t=\sqrt{2}\sin\left(\theta-\dfrac{\pi}{4}\right)\in[-1,\sqrt{2}]$，$2\sin \theta\cos \theta=1-t^2$.

故 $y=-t^2+t+1=-\left(t-\dfrac{1}{2}\right)^2+\dfrac{5}{4}$，易知当 $t=\dfrac{1}{2}$ 时，$y_{\max}=\dfrac{5}{4}$.

4　辅助角公式的应用

公式：$a\sin \alpha+b\cos \alpha=\sin(\alpha+\varphi)$，其中 φ 与点 (a,b) 同象限，$\tan \varphi=\dfrac{b}{a}$.

例 7　求 $y=\sqrt{3}\sin x-\cos x+2\cos\left(x-\dfrac{\pi}{6}\right)$ 的振幅、周期、初相.

解：$y=2\sin\left(x-\dfrac{\pi}{6}\right)+2\cos\left(x-\dfrac{\pi}{6}\right)=2\sqrt{2}\sin\left(x-\dfrac{\pi}{6}+\dfrac{\pi}{4}\right)=2\sqrt{2}\sin\left(x+\dfrac{\pi}{12}\right)$

所以振幅 $A=2\sqrt{2}$，周期 $T=2\pi$，初相 $\phi=\dfrac{\pi}{12}$.

5　角的恒等变形

将条件中的角和结论中的角相互表示.

例 8　已知 $\sin(\alpha+\beta)=\dfrac{3}{5}$，$\cos\beta=-\dfrac{5}{13}$，$\alpha$ 是锐角，β 是钝角，求 $\sin\alpha$.

解：将 α 表示为 $\alpha=(\alpha+\beta)-\beta$，利用两角差的正弦公式，得 $\sin\alpha=\sin(\alpha+\beta)$ $\cos\beta-\cos(\alpha+\beta)\sin\beta$，易知 $\cos(\alpha+\beta)=-\dfrac{4}{5}$，$\sin\beta=\dfrac{12}{13}$，代入即得 $\sin\alpha=-\dfrac{63}{65}$.

例 9　已知 $\sin\left(\dfrac{\pi}{4}-x\right)=\dfrac{5}{13}$，$0<x<\dfrac{\pi}{4}$，求 $\dfrac{\cos 2x}{\cos\left(\dfrac{\pi}{4}-2x\right)}$ 的值.

解：$2x=\dfrac{\pi}{2}-2\left(\dfrac{\pi}{4}-x\right)$，$\dfrac{\pi}{4}+x=\dfrac{\pi}{2}-\left(\dfrac{\pi}{4}-x\right)$，又 $0<\dfrac{\pi}{4}-x<\dfrac{\pi}{4}$，所以

原式 $=\dfrac{\cos\left[\dfrac{\pi}{2}-2\left(\dfrac{\pi}{4}-x\right)\right]}{\cos\left[\dfrac{\pi}{2}-\left(\dfrac{\pi}{4}-x\right)\right]}=\dfrac{\sin 2\left(\dfrac{\pi}{4}-x\right)}{\sin\left(\dfrac{\pi}{4}-x\right)}=2\cos\left(\dfrac{\pi}{4}-x\right)=\dfrac{24}{13}$

例 10　已知 $3\sin\beta=\sin(2\alpha+\beta)$，求证 $\tan(\alpha+\beta)=2\tan\alpha$.

解：$\beta=(\alpha+\beta)-\alpha,2\alpha+\beta=(\alpha+\beta)+\alpha$，代入条件：$3\sin[(\alpha+\beta)-\alpha]=\sin[(\alpha+\beta)+\alpha]$.

展开：$3\sin(\alpha+\beta)\cos\alpha-3\cos(\alpha+\beta)\sin\alpha=\sin(\alpha+\beta)\cos\alpha+\cos(\alpha+\beta)\sin\alpha$.

即 $\sin(\alpha+\beta)\cos\alpha=2\cos(\alpha+\beta)\sin\alpha$，所以，$\tan(\alpha+\beta)=2\tan\alpha$.

6 "1" 的变形

常用：$1=\tan\alpha\cot\alpha$，$1=\sin^2\alpha+\cos^2\alpha=(\sin^2\alpha+\cos^2\alpha)^n$，$1=\tan\dfrac{\pi}{4}=\cot\dfrac{\pi}{4}$ 等.

例 11 求值 $\dfrac{1-\sin^6 x-\cos^6 x}{1-\sin^4 x-\cos^4 x}$.

解： 原式 $=\dfrac{(\sin^2 x+\cos^2 x)^3-\sin^6 x-\cos^6 x}{(\sin^2 x+\cos^2 x)^2-\sin^4 x-\cos^4 x}=\dfrac{3\sin^4 x\cos^2 x+3\sin^2 x\cos^4 x}{2\sin^2 x\cos^2 x}=\dfrac{3}{2}$

7 公式 $\tan(\alpha+\beta)=\dfrac{\tan\alpha+\tan\beta}{1-\tan\alpha\tan\beta}$ 的变用

$\tan\alpha+\tan\beta=\tan(\alpha+\beta)(1-\tan\alpha\tan\beta)$

例 12 求值 $\tan 20°\tan 30°+\tan 30°\tan 40°+\tan 40°\tan 20°$

解： 原式 $=\tan 30°(\tan 20°+\tan 40°)+\tan 40°\tan 20°$

$=\tan 30°\tan 60°(1-\tan 20°\tan 40°)+\tan 20°\tan 40°=1$

后　记

　　作为一名普通的中学数学教师，能把自己的所思所想印刷成册，有颇多欣喜，这是我的荣幸；同时，深感教育责任的艰巨与光荣.

　　本书中的文章得益于丰富多彩的教育教学课堂实践，能够理论联系实际，避免空洞说教、人云亦云，具有一定的创新性和学术价值.

　　本书为中学数学教师提供了教育教学的成功案例和深度思考，如果能够帮助读者提高分析问题和解决问题的思维水平，提高科研能力从而进行有效的教学研究和学术交流；如果能够为高考复习献计献策，帮助读者以更高观点认识高考，提高复习的有效性；如果能够为读者释疑解惑，提高育人的针对性，在立德树人的过程中发挥积极作用，……，那将是作者的无尚荣幸.

　　本书的出版得益于北京市潞河中学对于教师专业发展的大力支持！感谢徐华校长、祁京生副校长的热情指导与鼎力相助！任孝勇老师为本书书名作了英译，在此表示感谢！